JN157613

ふくおか歴史の山歩き

江上智恵

海鳥社

目次

写真：可也山山頂より

写真：基山

本書に収録の山の位置図

■本文中の地図について

主に紹介しているルート
その他のルート
道路

※本書の地図は概略図です。入山時には詳細な地図を携行することをお勧めします。

福岡の山の歴史

志賀島からの眺望

はじめに

福岡の山の多くは、登ると海が見えます。天気の良い日には遠い島も見ることができます。時には、ぽっかりと船が浮かんでいたりします。

この風景は、遙か昔から変わっていません。そして山に登ると、この地に関わった昔々の人々が見たものと同じ風景を見ることができます。変わらない山の風景は、懐かしい故郷のシンボルでもあります。

山の調査をしていますと、時々縄文時代や弥生時代の矢じりなどの石器を拾うことがあります。古来より山は狩りの場であり、木の実などの採取の場でもありました。

また、山そのものが神でした。神話などでは、天孫降臨の場でもあり、山そのものが神様として信仰され、神域として山に入ることさえタブーな山がたくさんありました。やがて山はその霊力によって、山伏たちの峰々をめぐる行場ともなり、神仏習合の場となります。長い山の歴史のなかで、山は、資源でもあり、神でもあり、寺でもあり、城でもありました。畑をつくったり、住居とする場でもありました。祈りの場であり、修行の場でした。また、尾根筋は道でもあり、様々な文化や物が行き交う場でもありました。

大きな山、小さな山、ひとつひとつに歴史があり、信仰が残り、今は体力づくりや森林浴など、人それぞれの楽しみの場でもあります。

近年、県内では宝満山や脊振山、英彦山の研究が活発に行われ、さらに宝満山や脊振山、蔵持山、頭巾山《とっきんさん》（正楽《しょうらく》遺跡）、首羅山《しゅらさん》（白山）遺跡などの発掘調査が実施されています。また、古代・中世山城の研究も盛んに行われ、山々の深い歴史が明らかになりつつあります。ここでは、福岡平野周縁の山々を中心に、山の歴史を概観してみたいと思います。

首羅山遺跡の発掘調査

古代の山

福岡県は、日本の西側、九州の北に位置しています。博多港から大韓民国の釜山港まで約二一〇kmで、これは福岡－鹿児島間の直線距離二三〇kmよりも近い距離です。北は玄界灘・響《ひびき》灘、東は周防《すおう》灘、南西は有明海に面しています。沖ノ島や大島、能古島、姫島など多くの島があります。そして脊振山や英彦山などの一〇〇〇mを超える山々もあります。

福岡平野の周縁には東に三郡山系、西に脊振山系があり、これらの山々が福岡平野を取り囲む要塞のように連なっており、三郡山系と脊振山系のわずかな間に大宰府が置かれました。大宰府の設置後、福岡の地は、大陸への窓口として重要な役割を担ってきました。

神そのものであった山に城をつくる大工事が行われるようになったのは一三五〇年前のことです。六六三年、唐・新羅の連合軍と戦った白村江の戦いで日本は惨敗し、六六五年には水城《みずき》や大野城・基肄《きい》城が築かれました。唐や新羅といった他国からの侵攻に備えたもので、山の稜線などを利用して防御のための土塁《どるい》を築き、そのなかに建物や備蓄のための大きな倉庫などがつくられました。

大野城や基肄城は大陸に対峙するための国家的施設であり、日本と同盟国であった百済の築城技術を駆使してつくられました。このような『日本書紀』や『続日本紀』に記載のある山城を朝鮮式山城といいます。また、高良山や雷山などには神籠石《こうごいし》と呼ばれる石列がありますが、これらも古代の山城の土塁の基礎の一部と考えられています。こうした山城は神籠石系山城と呼ばれます。

　現在、古代山城といわれている遺跡は、全国で二十六カ所ほど発見されていますが、その半数以上は北部九州にあります。

仏教のはじまりと福岡の山

　一方、六世紀に百済から仏教が入ってきてからは、不思議な霊力をもつ山は仏教の修行の場ともなりました。

　仏教が日本に伝わると、国家事業として各地に寺院がつくられていきます。福岡では七世紀末から八世紀に、平野部に観世音寺や国分寺などがつくられました。やがて平野部の寺院の修行や祈禱を行うための寺社が山々につくられ、神仏習合思想が展開していきます。七世紀後半の大宰府の設置後、鬼門の方角（東北）に位置する御笠山（宝満山）には竈門《かまど》神社が創建されました。比叡山に延暦寺を開山した最澄は、入唐に際して航海の安全を祈願するために竈門山寺で四軀の薬師如来を彫ったと伝えられます。七七四年には大野城が築造された大城山に、新羅の呪詛から国を護るため四天王像が祀られ、四王寺がつくられました。

　国家的祭祀が行われた山以外にも、平安時代にはいくつかの山林・山岳寺院がありました。そのひとつが犬鳴山の薬王寺廃寺です。九世紀前半には堂宇《どうう》が建立され、十世紀を最盛期とします。同時期に、脊振山や英彦山、求菩提山にも寺院があったと伝えられますが、考古資料から見ると、その実態については不明な点が多いのです。

　古代の山林・山岳寺院についての調査例は少ないのですが、例えば八世紀に遡る可能性のある篠栗町・若杉観音堂の木造千手観音立像をはじめ、糸島市・浮嶽《うきだけ》神社に伝えられる木造仏坐像や木造地蔵菩薩立像、木造如来立

国指定特別史跡・大野城跡

像、久山町・清谷寺《せいこくじ》の木造地蔵菩薩立像、木造十一面観音立像など、平安時代前期の仏像が福岡平野周縁の山裾や山中に伝えられ、この頃には山林・山岳寺院の展開の胎動がすでに始まっていたことをうかがわせます。

古代末から中世の福岡

福岡の地は、博多を中心に平安時代後期から中世前半にかけて日本最大の貿易都市として隆盛を極めます。宋や高麗などから船によって運ばれた大陸の文化や品物はまず、この福岡の地に荷揚げされました。発掘調査の結果、博多駅の北西に息浜《おきのはま》、博多浜と呼ばれる砂丘があり、古代から鎌倉時代にかけて都市化していったことがわかりました。聖福寺《しょうふくじ》は「宋人百堂」といわれた跡地につくられたとされ、この付近には貿易をなりわいとする宋の商人、博多綱首と呼ばれる海商たちが行き交い、あたかもチャイナタウンのようだったようです。当時の海商たちは富と力を持ち、なかには、宗像大宮司家に娘を嫁がせる者もいました。

朝廷から地方の貴族までが争うように、大陸から博多に運ばれてくる美しい器や香料、錦などを手に入れようとしました。

また、海商たちと禅僧は大変深く結びついていました。栄西《ようさい》は、二度宋に渡り、その間今津（福岡市西区）の誓願寺を拠点として密教の書物を多数著すとともに、茶の湯やうどんなど大陸の文化を持ち込み、日本最初の禅寺といわれる聖福寺を建立しました。この頃は多くの禅僧が中国へ渡り、無準師範《ぶじゅんしばん》などの禅宗の高僧のもとで修行しました。そのなかには首羅山に隠棲した悟空敬念《ごくうきょうねん》

上：首羅山遺跡出土の高麗青磁（左）と景徳鎮産の青白磁の香炉（復元。久山町教育委員会蔵）／下：毘沙門山と長浜海岸。毘沙門山の麓に栄西ゆかりの誓願寺がある

生の松原の元寇防塁

など、福岡の山寺に深く関わる僧もいました。こうした禅僧の大陸との往来に海商たちが深く関わっていたのです。

宋の商人であった謝国明《しゃこくめい》は円爾《えんに》に援助して承天寺を建立するなど、日本にいた海商たちもまた禅宗をよりどころとしていたようです。平安後期から中世における海商たちと禅僧の結びつきが、この地の国際色豊かな文化をさらに醸成させたのでしょう。

鎌倉時代になると二度にわたる元軍の攻撃を受けます。元寇です。福岡から佐賀にかけての海岸沿いはまさに元軍との戦いの舞台となります。今でも、今津から姪浜にかけて整備された防塁を見ることができます。こうしたなかでも民間の貿易は続けられ、大阪の堺などの港が整備されていく十四世紀まで、福岡は日本で唯一の国際貿易港の港町として賑わいました。

このようなことから、少なくとも中世前半までは、福岡の地は東シナ海の往来によって大陸とつながる、日本というよりもむしろ、東シナ海を中心とした東アジア社会の東の果てだったのではないかと感じます。

山寺の歴史

福岡平野周縁の山林・山岳寺院が急増するのは十一世紀後半頃です。このような傾向は全国的に見られるもので、九州では九世紀頃に大宰府の迎賓館として成立し貿易の中心であった鴻臚館《こうろかん》が廃止され、博多の町が貿易で栄え始めるちょうどその頃です。十世紀代に縮小する宝満山も大山寺・有智山寺《うちやまでら》として十一世紀後半から比叡山の末寺となり鎌倉時代にかけて再興していきます。さらに首羅山、油山、飯盛山、雷山など福岡平野を取り囲む山々に寺がつくられ、やがて十二世紀から十三世紀にかけて最盛期を迎えます。この時期に入って、山林・山岳寺院が再興されたり、さして目立たない里山ともいえる低山に新たな寺が開山されたりしていきます。

経塚の造営

十一世紀後半以降の山林・山岳寺院の再興や開山を示す明確な遺物は、経塚《きょうづか》出土遺物です。経塚造営は藤原道長《みちなが》が納経《のうきょう》した寛弘四（一〇〇七）年の金峯山《きんぷせん》経塚に始まります。釈迦の入滅後、千年で末法の世に入り、世はみだれてしまう。仏典も損なわれてしまう。そこで五十六億七千万年後に助けに現れるという弥勒菩薩のために、お経を地中に埋めて残そうという行為がはやります。その最も古い例が藤原道長による経塚造営です。今の奈良県の金峯山の山頂で、そのお経を入れた箱、金銅の経筒《きょうづつ》が発見され、それに藤原道長が寛弘四年に埋めたということが書かれていたのです。

この時の様子については『御堂関白記《みどうかんぱくき》』などいくつかの資料があり、とても大変な行事だったことがわかります。それでも延命長寿や子孫繁栄を願い、山の力にあやかったり、山を開山してお寺をつくろうとする時には最も聖なる地である山頂にお経を埋めるなどして祈禱したのです。藤原道長の経塚埋納は、その背景にある、平安時代後期の貴族社会が崩壊していき、武家社会に移行していく不安定な社会の状況を物語るとともに、日本人にとって山というものがいかに聖なる地、祈りの地だったかということを示しています。

十二、三世紀の福岡の山の特徴的な遺物

十二世紀前半に、経塚造営は北部九州で多く見られるようになります。他地域に比べておおよそ半世紀早く最盛期を迎えています。北部九州で発見される経塚のなかには、中国人名が書かれたものもあります。経塚造営が北部九州で始まる頃、貿易都市博多は大陸との独占的な貿易で繁栄し、海商たちで賑わいました。そして中国人商人が、いわゆる博多津唐坊《はかたつとうぼう》といわれる唐人街を形成していたようです。そのような社会背景を考慮したうえで、

首羅山（白山）の白山神社の経塚から出土したとされる遺物（九州歴史資料館蔵）。右上が経筒

中国人名を有する経筒や、中国産の陶製経筒などを見ると、北部九州の経塚造営になんらかのかたちで中国人商人が関与したことが考えられます。

十三世紀に入り、大陸系の特徴的な遺物が山林・山岳寺院を中心に見られるようになります。その代表が薩摩塔と宋風獅子です。宋風獅子は福岡平野周縁に集中して分布し、宗像大社の宋風獅子に施入された建仁元（一二〇一）年の年号やその造形から、南宋から十三世紀にもたらされたとされています。薩摩塔はそのモチーフや石材の検討、そして首羅山遺跡山頂部に鎮座する薩摩塔と宋風獅子に共通する表面のザラザラとした質感を表現した調整などから、南宋期のものと判明し、宋風獅子とほぼ同じ時期に日本にもたらされた石造物として近年注目されています。その分布は福岡平野を東限として、博多・平戸・薩摩を中心とし、さらに有明海に面した場所でも発見されています。福岡では宝満山、飯盛山、若杉山、油山、首羅山などで発見されています。鎮座する場所は山林・山岳寺院や交通の要所であり、九州の西半分にのみ集中します。

左の図に示したように、十二世紀に見られた中国人名を有する経塚出土遺物の分布と、十三世紀の大陸系石造物の分布を重ね合わせてみると、十二世紀から十三世紀にかけて、東から西へ、その分布圏を広げて移動しています。そして福岡平野周縁にのみ、十二世紀と十三世紀における大陸と関わりの深い遺物が重なって見られます。これは、平安時代後期から鎌倉時代にかけて、対外交渉の拠点であった博多を中心とした福岡平野だけではなく、周縁の山林・山岳寺院も、大陸の影響を強く受けていたということを示しています。

以上のようなことから中世の福岡平野周縁の山々にあった寺院のなかには、大陸の影響を受けた山寺が存在していたことが想定されます。

さらに付け加えると、博多の独占的な貿易が衰退する十四世紀以降には、北部九州の山林・山岳寺院は衰退していく傾向にあります。次頁の表に見られるように、平

首羅山の薩摩塔

安後期に創建された寺院のなかには近世もしくは現在まで法灯が存続する寺と、中世前半に最盛期を迎え、その後急速に縮小したり、廃絶したりする寺があります。前者の例として宝満山があげられ、天台系寺院として朝廷や幕府と深く関わりながら存続し、中世以降、英彦山と並んで鎮西を代表する修験道の行場となります。後者の例としてあげられるのが、首羅山や若杉山、油山です。油山は未調査ですが、中国人名の書かれた梵鐘（現在は山口県・防府天満宮蔵）、中国系瓦や薩摩塔など大陸色の強い遺物が出土します。最盛期は十二世紀から十三世紀であり、その後廃絶しました。首羅山や油山に代表されるように、北部九州の山林・山岳寺院のなかには中国人商人の動きと特に強く連動していたことをうかがわせる寺があります。そうであったがゆえに、これらの寺は中国人商人の活動が衰退していくとともに縮小していったのかもしれないのです。

■中国人名を有する経筒・薩摩塔・宋風獅子の分布図

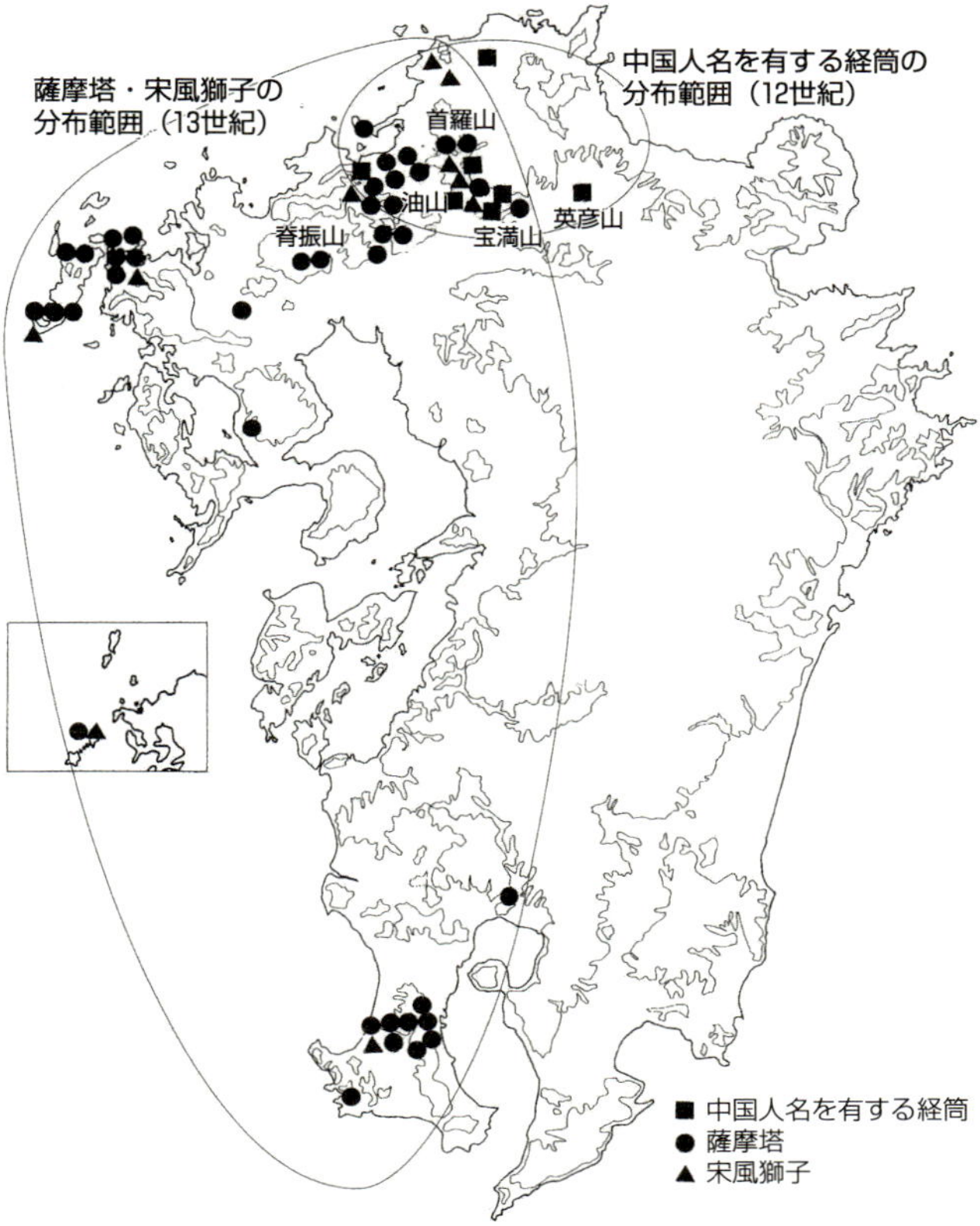

中世山城の時代の山

南北朝期以降、山々には国内での内乱に起因する山城や砦がたくさんつくられていきます。中世山城と呼ばれるものです。中世山城も、はじめは有事の際の逃げ城としてつくられていまし

■福岡県の主な山林・山岳寺院・神社

山名	所在地	寺社	最盛期の坊数（伝承含む）	特徴的な遺物			国史跡
				経塚	薩摩塔	宋風獅子	
一貴山	糸島市	夷巍寺（廃寺）	12坊				
雷山	糸島市他	大悲王院 雷神社	300坊	○			
高祖山	福岡市他	高祖神社 鉢伏山観音					
飯盛山	福岡市	飯盛神社 飯盛文殊堂		○		○	
油山	福岡市	泉福寺（廃寺） 天福寺（廃寺） 油山観音（正覚寺） 海神社	720坊	○	○		
脊振山	福岡市他	東門寺（廃寺） 霊仙寺（廃寺） 積翠寺（廃寺） 修学院 乙護法堂 脊振神社	1000坊	○	○		
高良山	久留米市	高隆寺（廃寺） 高良大社	32坊				
四王寺山	大野城市他	四王寺（廃寺） 原山無量寺（廃寺） 毘沙門堂		●			◎
宝満山	太宰府市他	大山寺（廃寺） 有智山寺（廃寺） 竈門神社	370坊	○	○		○
若杉山	糟屋郡	石泉寺（廃寺） 太祖神社 建正寺 熊野神社	300余坊	●		○	
立花山	糟屋郡他	梅岳寺 独鈷寺	36坊				
首羅山（白山）	糟屋郡	頭光寺 白山神社	350坊	●	○	○	○
西山	古賀市他	薬王寺（廃寺）					
許斐山	宗像市他	熊野神社 若一王子社				○	
孔大寺山	宗像市	孔大寺神社					
福智山	田川郡他	雨宝寺（廃寺） 福智神社					
英彦山	田川郡	霊仙寺 英彦山神宮	3000坊	●			○
蔵持山	京都郡	宝船寺（廃寺） 蔵持山神社	96坊				
求菩提山	豊前市他	護国寺（廃寺） 国玉神社 如法寺	500坊	○			○
松尾山	築上郡	医王寺（廃寺） 三社神社	36坊				

※●は中国人名を有する経筒、◎は特別史跡

たが、やがて居城となる城もつくられました。山内に曲《くる》輪《わ》と呼ばれる平坦地をつくって山頂などに主郭《しゅかく》を置き、防御のための堀切《ほりきり》や土塁がつくられます。海に面した立花城は「難攻不落の城」といわれ、また、秋月氏の古処《こしょ》山《さん》城も「九州第一の要塞」と言い伝えられるなど、福岡には中世山城の名城が多くあります。南北朝期以降、山は寺であるとともに戦いの歴史の舞台でもあり、城や砦の数は数百に及びました。

近世以降の山の歴史

近世以降、山城の多くは廃城となり、山は再び祈りや産業の中心の場となります。英彦山や宝満山を中心に、修験者たちが回峰行《かいほうぎょう》などで山々を回り、大変な修行をした記録なども残っています。今も比叡山などでは死装束である白い着物で回峰行を行っています。信仰の世界では、山というのは覚悟をして修行を行う場所で、神聖な場所であり続けています。

また、「昔々おじいさんは山へ芝刈りに……」とあるように、山はたきぎをとったり、まきを拾ったり、炭を焼いたりする場所でもありました。犬鳴山系の山々は江戸時代には炭が特産品であったそうです。山々を歩くと炭窯の跡が残っていることがあります。採石も行われました。山は資源でもあったのです。また、峠道として人や物の運搬に使われました。昭和になると、杉や檜の植林が行われました。そして、山頂には神が祀られ、地域の人々の信仰の場として今まで守り伝えられてきたのです。

福岡の山を歩けば、大陸と対峙した千年以上前の山城の痕跡や、中世に大陸から運ばれた石造物に出会ったりします。また、最澄や空海など唐に渡って修行した僧侶の伝承や、善無畏三蔵《ぜんむいさんぞう》、清賀《せいが》上人などインドから来た僧侶が開山したという伝承、大陸にわたった僧侶の記録なども多く残ります。福岡の山には、この地が大陸に近いがゆえに、他地域にはない対外交流の歴史が刻まれていることを感じます。

山は歴史遺産の宝庫であり、山を歩けば本物の歴史遺産に触れることができます。平野部のように開発されていないからこそ、山の中には長い歴史が重層的に残っています。本書では福岡の身近な山、三十の山の歴史の片鱗を、写真を交えてご紹介していきたいと思います。

唐津から浮嶽を望む

No. 1　古仏がましますの山

浮嶽

うきだけ／標高805.1m／糸島市・佐賀県唐津市

「神山」とも呼ばれる浮嶽は、糸島市と佐賀県唐津市の間に位置する標高八〇五・一mの山です。海上から見ると水平線上に浮いて見えるということからその名がついたといわれています。登山口は東登山口、南登山口、西登山口とあり、体力に応じた山歩きができます。東登山口からのルートが最短で二十分ほどで山頂へ行くことができます。東登山口付近から間近に見る浮嶽は円錐形の稜線がとても美しい山容をしています。

山頂への道

歩きはじめて間もなく石段の参道があり、白龍稲荷の赤い鳥居が見えてきます。獅子駒岩といわれる、今にも落ちてきそうな大きな岩の下に、八大龍王を祀った白龍稲荷の祠があります。獅子駒岩からの眺めは絶景で、周辺の山や海に浮かぶ島々が間近に見えます。

伝承では、獅子駒岩に住んでいた浮嶽の

（左から）浮嶽神社上宮／落ち葉を踏みしめ山頂へ／今にも落ちてきそうな獅子駒岩と白龍稲荷

龍神が麓の村娘千如を見染めて、人間に姿を変えて千如のところへ通ったそうです。やがて千如は龍神の子を身籠り、男の子を生みます。龍起と名づけられた男の子は智勇すぐれた若者に成長し、神功皇后に召されて三韓出兵の際に活躍したといわれます。今は白龍稲荷として地域の人々によって守られ、お参りが絶えないようです。

　登山道は大きな岩がごろごろとあり、霊山らしくも、歩きやすい道です。白龍稲荷から十分ほどで山頂に到着し、眼下に玄界灘を見下ろす眺望は、この山が海とも深く関係した重要な山であったことを思わせます。山頂には大きな石の鳥居と浮嶽神社上宮の祠、安政三（一八五六）年銘の石灯籠があります。祠には浮嶽大神を祀っており、神功皇后が戦勝祈願で立ち寄り、帰途に神社を建立したとの説もあります。山頂では昭和三十年代まで、佐賀・福岡両県で相撲が奉納され賑わったそうです。

　また、山頂の北側には題目岩と呼ばれる大岩があり、南無妙法蓮華経のお題目が刻まれています。これは旧二丈町福井の妙《みょう》現寺《げんじ》の開山・日源上人が昭和十九年に百日間の山籠もりを行った際に刻まれたものとされ、現代まで深い信仰が続いてきた証《あか》しともいえます。

山頂から玄界灘を望む。視界が良い時は壱岐も見える

上：浮嶽神社中宮に安置されている仏像（いずれも九州歴史資料館提供）。左から木造如来立像、木造地蔵菩薩立像、木造仏坐像（伝薬師如来像）／右下：浮嶽神社中宮（久安寺跡）

浮嶽に伝わる古仏

「神山」の名にふさわしい山の風情とともに、浮嶽で特筆すべきは、西側の中腹にある浮嶽神社中宮に安置されている古仏です。県道一四三号線から、往時の雰囲気を残す吉井の集落の狭い路地に入ると、こんもりとした木立のなかに浮嶽神社中宮が見えてきます。古い絵馬なども奉納されており、今もお籠もりなどが続く、懐かしい雰囲気をもつお宮です。

中宮付近には浮嶽神社の神宮寺であった久安寺《きわじ》（「きゅうあんじ」とも）の地名が伝わっています。久安寺はインドから来朝したという清賀《せいが》上人が糸島地域に開山したと伝えられる怡土《いと》七ケ寺のひとつです。戦国時代に焼失したと伝えられますが、その歴史や信仰は浮嶽神社に引き継がれています。

重要文化財に指定されている木造仏坐像（伝薬師如来像）、木造如来立像、木造地蔵

最寄り駅・バス停：JR 筑肥線・福吉駅
参考タイム：①東登山口〔10分〕白龍稲荷〔10分〕山頂〔15分〕東登山口／②南登山口〔20分〕大杉〔20分〕山頂〔25分〕南登山口／③西登山口（白木峠）〔90分〕山頂〔60分〕西登山口（白木峠）

菩薩立像の三体の古仏は、いずれも平安時代前期、千年以上前の大変古いものです。一木造《いちぼく》りという、一本の木から手先など一部を除き全体を彫り出す技法でつくられており、肉感的で堂々とした雰囲気をもちます。浮嶽神社にはこの三体以外にも平安時代後期作といわれる如来形座像や十二神将立像など七軀の古仏が遺されています。平安時代の古仏がこれほど多く残っている山は県内でも例がありません。普段は一般公開されていませんが、展覧会などに出品された際などに拝観できます。

浮嶽の西に位置する十坊山《とんぼやま》（「とうぼうやま」とも）は、久安寺の十の坊があったことから名づけられたという説もあります。また、秀吉の九州出兵の際に十坊山山頂で久安寺の十人の僧侶が殺され、僧侶を葬った墓があるという伝承も残ります。

浮嶽に残る古仏や多くの伝承は、地域の人々の山への深い信仰の歴史を物語っています。

国見岩からの眺望

No.2　山頂に祀られた姫神

二丈岳

にじょうだけ／標高711.4m／糸島市

二丈岳は糸島市二丈一貴山《いきさん》・深江・福井周辺に位置しています。十坊山、浮嶽、女岳など、累々と連なる糸島の山々の最も海側にあるどっしりとした山です。標高七一一・四m、今宿バイパスから見ると、中腹の谷深くまでつくられた集落が見えます。

山頂への道

登山道はいくつかありますが、加茂ゆらりんこ橋から二丈渓谷沿いの道を歩き、真《ま》名子《なご》木《き》の香《か》ランドのキャンプ場から左手に回り込んで登山道に入ります。マテバシイやスダジイなどの照葉樹の森を歩き、やがて花崗岩《かこうがん》の塊があちらこちらに見られるようになります。急な登りから二丈岳城跡の堀切《ほりきり》を通り、山頂に到着です。天気の良い日には、山頂の花崗岩の巨岩「国見岩」から、眼下に広がる美しい海と島々、どこまでも青い空、そんな壮大な清々しい風景を見ることができます。

山頂付近には、二丈岳城跡の石垣や、曲《くる》

左：大岩の横にある白山大権現の小祠／中・右：山頂付近の石垣や平坦地は城の名残

輪《わ》と呼ばれる平坦地が残ります。二丈岳城は深江岳城とも呼ばれ、江戸時代の文献によると城主は深江氏もしくは草野鎮永《しげなが》といいます。周辺から十六世紀頃の瓦が採取されていることから、戦国時代の山城のようです。

二丈岳城跡は糸島市指定文化財となっています。

山頂の祠

国見岩のすぐ下の大岩の横に「白山菊里《くくり》姫《ひめ》祠」と書かれた小さな案内板があり、矢印の先の窟の中に、白山大権現の小さな石製の祠があります。祭神は菊里姫神です。かつては、女性が登山をすると「菊里姫が嫉妬するので雨が降る」「女子が近づくと大風が吹く」といわれ、女人禁制の山だったそうです。山頂から北側に下ったところにある窟には穴観音と呼ばれる観音菩薩像が祀られています。毎年九月十六日に、二丈岳山麓の一貫山地区の男性による「二丈岳詣り」が行われ、穴観音をお参りする風習が続いています。穴観音のまわりにはいくつもの平坦地や集石などが見られ、通称「観音屋敷」と呼ばれています。近年には経筒《きょうづつ》が発見されており、建物の基壇《きだん》の跡や、参道のような痕跡もあることから、寺院などの信仰の拠点があったことも考えられます。

一貫山地区

筑前深江に近い一貫山地区は、二丈岳の北東麓の一貫山川の谷合に広がる集落です。かつて「天目一箇命《あまのまひとつのみこと》」が祀られており、その「一箇」が一貫山に転化したともいわれます。一貫山地区には二丈岳の信仰や民俗行事が色濃く残っています。ここには怡《い》土《と》七ケ寺のひとつ一貫山夷巍寺《いきじ》があったと伝えられます。伝承によれば怡土七ケ寺は、奈良時代に聖武天皇の命により、渡来僧である清賀《せいが》上人によって現在の糸島地区を中心につくられた七つの寺院（一貫山夷巍寺

一貴山の仁王門と仁王像

・雷山千如寺《せんにょじ》・染井山霊鷲寺《りょうじゅじ》・小倉山小《お》蔵寺《ぐらじ》・鉢伏山金剛寺・浮嶽山久安寺《きわじ》〔「きゅうあんじ」とも〕・種寶山楠田寺《しゅほうざんくすでんじ》）のことをいいます。このうち、久安寺と夷巍寺の二つは大寺で、夷巍寺には十二坊があったと伝えられます。

江戸時代に書かれた『筑前国続風土記』には「……怡土郡七箇寺の随一也。本尊は阿弥陀にて、僧坊十二ありしとかや。其本尊も炎上して、今は只仁王門かたはかりに残り、仁王の像のみ門中にたてり。此仁王の像甚奇巧なり。村人むかしをしたひ、村より奥のかた草深き所に、小堂一宇を作り、仏を安置せり。其余には寺院もなく、又僧も居らす。今其里の名をは一貴山村と号して、民家多し。此村は下の平地より漸上りて、いと高きところにあり」と記載され、江戸時代にはすでに一貴山夷巍寺はなくなっていたことがわかります。南北朝期の争乱で戦火にあったとも、織田信長の頃に寺領を没収されたともいわれますが、滅亡の原因ははっきりしていません。

集落の入り口には仁王門が現存しています。仁王門は宝永五（一七〇八）年に建立され、弘化三（一八四六）年に再建されました。仁王門には高さ三mを超える仁王像が二体安置されています。堂々とした風格の仁王像は、室町時代の作といわれています。今も健康を祈って草鞋が奉納されます。

仁王門をくぐり、集落に一歩足を踏み入れると、谷筋の細い路地に沿って段々に家があり、昔ながらのなんとなく懐かしい雰囲気があります。かつてあった十二坊のうち八坊が現存し、政所坊《まんどころぼう》・寂照坊《じゃくしょうぼう》・大教坊・寂光坊《じゃっこうぼう》・門善坊・覚門坊・華蔵坊・尊厳坊と号する家が残っています。今も二丈岳詣りを主催し、毎年十二月二十四日には供養会を行うなど、昔ながらの信仰を受け継いでいます。

無量院跡

仁王門から少し登ると、大きな銀杏の木

▼二丈岳山頂の国見岩

最寄り駅・バス停： JR 筑肥線・大入駅、筑前深江駅
参考タイム： 加茂ゆらりんこ橋〔50分〕真名子木の香ランド〔30分〕山頂〔３分〕白山大権現〔20分〕穴観音〔20分〕山頂〔60分〕加茂ゆらりんこ橋

無量院跡の石塔群

と納骨堂のある平坦地があります。ここは無量院《むりょういん》跡とも呼ばれています。無量院は一貴山夷巍寺の本尊を祀った寺であったと伝えられます。約七十五点もの石塔や板碑《いたび》があり、なかには康永二（一三四三）年銘の板碑も見られ、この地の長い歴史を感じることができます。

二丈岳への信仰は、麓の集落の風景や民俗行事のなかに長い年月を超えて脈々と守り伝えられています。こうした人々の営みや信仰があるからこそ、二丈岳が清々しく美しいのだと感じます。

可也山（志摩小富士付近より）

No. 3　糸島富士の名をもつ秀峰

可也山

かやさん／標高365.1m／糸島市

山名の由来

可也山は、糸島半島の西側に位置する標高三六五・一ｍの山です。東西約四㎞、南北約二㎞の円錐形の独立峰で、その優美な姿は、江戸時代には筑紫の富士と称され、現在は糸島富士、小富士という呼び名で親しまれています。二月には麓の小富士梅林が見頃を迎え、多くの人で賑わいます。

山の大部分は花崗岩《かこうがん》からなり、良質の花崗岩が採掘されます。『黒田家譜』によると、江戸時代、元和四（一六一八）年には黒田長政が、我が国最大ともいえる日光東照宮の大鳥居の建立にあたり、難儀の末六〇トンもの巨石を切り出し、船に乗せて運んだそうです。また、江戸城や警固神社（福岡市中央区）、桜井神社（糸島市）などの石鳥居にも、可也山の石材が使われたそうです。今も中腹の石切り場跡では、丁寧な楔《くさび》の痕跡が残る大きな花崗岩の塊を見ることができます。

（左から）山頂展望台の一字一石法華塔／可也神社／石切り場跡の岩（田村久男氏撮影）

可也山の名称は古く奈良時代に遡り、『万葉集』に「草枕旅を苦しみ恋おれば可也の山辺にさを鹿鳴くも」と詠まれています。

可也の名は朝鮮半島の「伽耶《かや》」に由来するとの説もあります。三世紀から六世紀頃に朝鮮半島の南側には加羅国があり、ヤマト王権から豪族などが派遣されていました。『日本書紀』では加羅と任那《みまな》が併記されていますが、いずれも小国家が集まったもので、これらが後に「伽耶」とも表記されたなど諸説があります。このような朝鮮半島の地名の音から「可也」の字があてられたのかもしれません。

山頂への道

可也山への登山口は師吉《もろよし》公民館からが一般的です。雲乗寺《うんじょうじ》を抜け、登山道に入ります。約二十分ほど登ると石切り場跡があります。ここまでは登り続きですので、石切り場跡のベンチで休憩です。

さらに二十分ほど登ると虚空蔵堂《こくうぞうどう》と山頂への分岐点となり、小さなお堂があります。しめ縄をくぐり雑木の気持ちのいい道を山頂へ向かいます。すぐに可也神社が見えてきます。石の祠があり、神武天皇を祀っています。神武天皇が日向の国から東征する際に可也山の山頂に立ち寄られたとの伝承があります。山頂付近で祀っていた熊野神社を江戸時代の中期に村中に移したといい、現在の可也神社はもともと熊野神社があった場所だったとも伝えられます。

山頂は木立のなかに小さくあり、ちょっと拍子抜けするのですが、そこから少し歩くと眺望が開け、展望台に到着です。どこまでも続く玄界灘と海に浮かぶ姫島や加部《かべ》島、火山・立石山などの周辺の山々、ぽっかりと雲が浮かぶ空、眼下に広がる水田の夏の緑、秋の黄金色に揺れる様子など、展望台からの眺めはいつ訪ねても絶景です。展望台はよく整備されていて、心地よい時間を過ごすことができます。

展望台からの眺望

山頂には一字《いちじ》一石《いっせき》法華塔《ほっけとう》が鎮座しています。一字一石塔とは小さな石にお経を一文字ずつ書いて納めたものです。元文五（一七四〇）年に天候祈願のため建立されたそうです。

山麓の山寺

可也山の山麓一帯にはかつて山寺がたくさんあったようです。江戸時代の文献には金峰山華厳寺や往生山明星寺などの山号や寺名が残っています。可也山の北側に現存する虚空蔵堂が往生山明星寺跡と伝えられています。かつては大伽藍《だいがらん》で十二坊があったといわれ、今も付近には千蔵坊、大坊などの地名が残ります。室町時代の争乱で廃寺同様になったとされますが、大正年間（一九一二―二六）にはツツジを植え、心字池を配し、ツツジの名所として大変賑わったそうです。昭和二十八年の豪雨災害で傷んでいましたが、平成十五年に建て替えられました。お堂には虚空蔵菩薩坐像、十一面観音立像、大日如来坐像が祀られています。福岡県指定文化財の十一面観音立像は像高一七一cmという堂々としたお姿で、平安時代後期の作です。虚空蔵菩薩坐像、大日如来坐像は室町時代頃の作と伝えられます。このような仏像の数々から、かつての明星寺が古い時代から続く大きな寺院であったことが想像できます。虚

平成15年に建て替えられた虚空蔵堂

▲可也神社参道の道標

▶可也神社から虚空蔵堂への道はすべりやすいので注意

最寄り駅・バス停：昭和バス・師吉公民館バス停
参考タイム：師吉公民館〔40分〕石切り場跡〔20分〕可也神社〔15分〕山頂〔10分〕お堂〔30分〕虚空蔵堂〔40分〕師吉公民館

空蔵堂には小さな木槌が置いてあり、これで頭を軽くたたくと頭痛が治るそうです。また、お堂の少し上の眺めのいい高台には小さな薬師堂があり、薬師如来が祀られています。

可也神社から虚空蔵堂への道は近年整備された道ですが、急峻ですべりやすいため注意が必要です。

古く万葉の時代には鹿の棲む木立の山でしたが、その木は豊臣秀吉が築城した名護屋城の用材として小早川隆景の命によって伐採され、江戸時代にはその名のとおり草の茂る「かやの山」になってしまいました。今はまた、万葉の時代のように木立のなかを気持ちよく歩くことができる山となっています。

薬師堂。小さな薬師如来が祀られている

No. 4　雷神信仰の山

雷山

らいざん／標高954.5m／糸島市・佐賀県佐賀市

雷山は福岡県と佐賀県の県境にあり標高九五四・五m、かつて上宮に層増岐《そそぎ》明神を祀っていたことから「層増岐山」とも呼ばれていました。一帯は脊振雷山県立自然公園で、山の北麓には樹齢四百年ともいわれる楓の大木で広く知られる雷山千如寺《せんにょじ》大悲《だいひ》王院《おういん》があり、古刹を山懐に抱く霊峰としても知られています。

山名の由来

「雷山千如寺縁起」には風雨の神様である雷電神が一夜のうちに山を削り、岩を砕き、大伽藍《だいがらん》を建立したと書かれています。神功皇后が大陸への出兵の際に、雷山の神様であった「水火雷電神《すいからいでんしん》」へ伏敵祈願したという説もあります。雷山の中腹には、古代の山城の痕跡といわれる雷山神籠石《こうごいし》の石垣の跡や、水火雷電神を祀る中宮の祠などが現存し、雨乞いの霊験や戦いの神として知られていた往時をしのぶことができます。

雷山は聖武天皇の勅願で清賀《せいが》上人によって開山されました。清賀上人はインドから来朝し、糸島地域に怡土《いと》七ケ寺を建立した高僧として知られています。やがて千如寺と呼ばれるようになり、今その法灯は宝暦三（一七五三）年に創建された大悲王院に引き継がれています。

雷山神籠石の北水門（野下幸太郎氏撮影）。北部九州や瀬戸内海沿岸に分布する神籠石は、古代山城の跡と考えられている。雷山では南北に築かれた水門や列石が残る

雷山千如寺大悲王院

大悲王院には雷山三百坊といわれた繁栄を伝える「雷山古図」や、木造千手観音立像をはじめとする古仏、数々の曼荼羅図、

大悲王院の五百羅漢（左）と大楓

そして開祖清賀上人の像など多くの秘宝が伝えられています。なかでも観音堂に鎮座する木造千手観音立像は「雷山観音」として広く信仰を集めています。国の重要文化財で鎌倉時代の作とされます。高さは一丈六尺、四m六三cmもあり、本体に四十二本、光背に九百数十本の手があり、実数として千本の手をもっています。各手の平には目が描かれていて、一切の衆生《しゅじょう》の苦しみをその目で見て、その手で救ってくださるといいます。この観音像はその救済の絶大なさまを、具象的な姿としてあらわしているのです。お厨子《ずし》から現れる観音像は、その大きさもさることながら、千の手、千の目で衆生の苦しみを包み込む慈愛の深さを感じさせ、そのお姿に驚きさえ覚えます。

　大悲王院の境内にある楓の紅葉は有名で、多くの観光客が訪れます。楓は秋だけではなく、新芽の頃も美しく、梅雨の頃、雪景色と季節ごとに楽しむことができます。また、西側の山景と一体となった庭園があり、心字池のほとりにある県指定天然記念物のビャクシンの特有の樹形などを見ることができます。

大悲王院の木造千手観音立像

左：雷神社上宮／右：清賀の滝

山頂への道

大悲王院を拝観し、すぐ下の雷山川を少し遡り、雷山自然歩道に入って三十分ほど登っていくと「清賀の滝」があります。それほど大きくはありませんが、開山の祖の名をもつにふさわしく、凛とした趣きのある静かな滝です。滝の横から急な尾根をしばらく登り、いくつかの沢を渡ると雷《いかづち》神社上宮に着きます。現存する三基の重厚な石の祠は石宝殿と呼ばれ、江戸時代に福岡藩六代藩主黒田継高《つぐたか》によって再建された伝えられます。ここからさらに四十分ほど急斜面を登っていくと山頂です。糸島平野とそれを取り巻く羽金山、浮嶽、十坊山、井原山、脊振山などの霊山が一望でき、天気が良いと有明海や雲仙岳まで望むことができます。山頂はかつて「魔所」とされ、人が寄り付ける場所ではなかったようです。雷神が鎮座する大切な聖地として守られてきたのでしょう。雷山－井原山にかけては五月にミツバツツジが咲き誇り、楽しい山歩きができます。

中世の雷山

中世の文書を見ますと、千如寺は文永・弘安の役、つまり元寇を機に祈禱寺院として重要視されるようになったようです。雷神の霊験もあって異国降伏の祈禱寺として

山頂からの眺望。糸島平野とその周辺の山々が一望できる

▲山中に残る石垣

最寄り駅・バス停：JR 筑肥線・筑前前原駅⇨糸島市コミュニティバス・雷山観音前バス停
参考タイム：大悲王院〔30分〕清賀の滝〔40分〕雷神社上宮〔30分〕山頂〔100分〕大悲王院

天皇や幕府の信仰を集めてきた背景には、対外交流の港として重要な位置を占めていた今津湾を控えていることもあったでしょう。鎌倉時代には太宰府有智山《うちやま》寺（大山寺）の僧が千如寺の院主職を兼ね、その伽藍は回廊に囲まれた楼門や拝殿、正殿のある立派なものであったようです。

鎌倉時代につくられたといわれる雷山観音や清賀上人像などはそうした繁栄のなかで生まれ、やがて時代を経て寺の名を変えていきながらも大切に引き継がれて今に伝えられています。そうしたことを思えば、ここもまた東アジアの大きな歴史のうねりのなかで栄枯盛衰の歴史を重ねてきたことを感じるのです。

雷山ー井原山間に咲くミツバツツジ

金龍寺庭園から高祖山を望む

No. 5　古代と中世の山城跡

高祖山

たかすやま／標高416m／糸島市・福岡市西区

高祖山は玄界灘に面した糸島市に位置する標高四一六mの山です。福岡平野と糸島平野を画する山並みのなかでもひときわ存在感があります。玄海国定公園の一部で、糸島平野や玄界灘を見渡せるその眺望の良さだけではなく、歴史の重みが集積した山でもあります。

高祖山の周辺

高祖山とその周辺には弥生時代以来の多くの遺跡があります。麓には国史跡平原遺跡があり、国内最大級のものを含む四十枚の銅鏡が出土し、伊都国の王墓といわれています。また、古墳時代の前方後円墳を含む古墳群である国史跡曽根遺跡群などもあり、古代から重要な地域であったことがわかります。

また、神功皇后にまつわる伝説もあります。染井神社の近くにある染井の井戸には、九州出兵中に敵の毒矢で亡くなった仲哀天皇の白生地の鎧を、神功皇后が井戸に沈め

左：怡土城の礎石（一之坂礎石群）／右：染井の井戸

ると真っ赤に染まったという伝説が残っています。また、その鎧を干したという緋縅《ひおどし》岩《いわ》と呼ばれる石も山中に見ることができます。

古代山城の時代

奈良時代になると、高祖山には怡土城《いと》が築かれます。『続日本紀』によると、大宰府に赴任した吉備真備《きびのまきび》により七五六年に怡土城の築城が始まり、約十三年の歳月をかけて七六八年に完成したといいます。謎の多い古代山城のなかにあって、築造担当者や築造の期間が国の歴史書に記載されているという点で貴重な山城で、国史跡に指定されています。

古代・中世の山城は、江戸時代以降の天守閣のような立派な建物をもつものではなく、山中のいくつかの平地に建物や物見櫓《ものみやぐら》のような見張りをする場所をつくり、堀などを築いて敵に備えました。怡土城は高祖山の西側に、東は山頂からの稜線、北は尾根筋、南は谷、西は山裾を境とし、全周約六・五km、その面積は二八〇haに及んでいます。北に五カ所、南に三カ所の望楼が築かれ、一之坂礎石群や望楼跡など今もいくつかの痕跡が登山道に残っています。古代には、朝鮮半島との緊張関係から、北部九州を中心に大野城などに代表される朝鮮式山城がつくられていきますが、怡土城は唐の国で学んだ吉備真備が指揮をとって築城した中国式の山城という点で注目されます。

怡土城は九世紀頃には廃城となり、その後、戦国時代、おおむね五百年ほど前に、糸島の名族原田氏が高祖山に高祖城を築きます。山頂付近の上の城、下の城と呼ばれる辺りには石垣や建物の礎石、堀などが今も残っています。下の城付近には

山頂付近の下の城。
中世山城の痕跡が残る

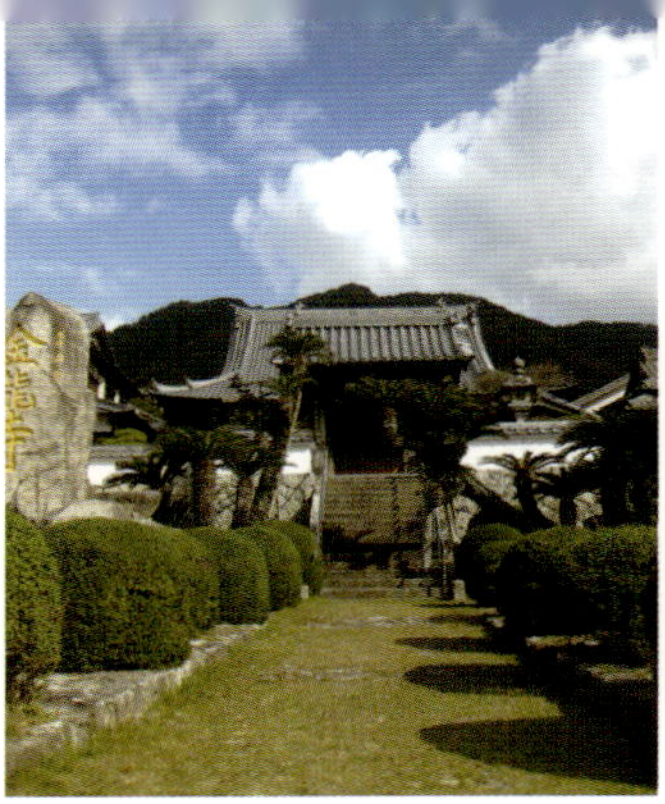

左：金龍寺。背後の山が高祖山／右：境内の原田氏墓所

今も瓦が散在しており、中世の山城には珍しい瓦葺《かわらぶ》きの建物があったことがわかります。上の城のあった山頂に立つと、井原山や可也山をはじめ玄界灘が一望できます。山頂には中世の山城の様子がイラストで描かれた案内版があり、往時の様子を想像することができます。

金龍寺と高祖神社

山麓の禅寺金龍寺は原田氏にまつわる由緒ある寺院です。永正五（一五〇八）年、原田興種《おきたね》によって建立され、原田氏の菩提寺となりました。境内には古い石塔などが残っています。また、この寺は黒田家との縁も深く、高祖山がきれいに見える場所に墓所がつくられています。高祖山を借景とした庭園があり、ここから堂々とした山容を見ることができます。ツツジの咲く頃に訪れると、鮮緑の山を借景にした見事な庭園美を堪能することができます。

登山道の入り口にある高祖神社は、平安時代創建と伝えられ、伊都国の総鎮守として守り伝えられています。「高祖」という名は『三代実録』のなかに「高磯《たかそ》比咩神《ひめのかみ》」とあり、その音から「高祖」となったという説があります。県指定文化財でもある本殿は檜皮葺《ひわだぶ》きの三間社流造《さんげんしゃながれづくり》の見事なものです。天文十（一五四一）年に原田隆種《たかたね》によって再建されたと伝えられます。その後、江戸時代には福岡藩の庇護を受け、三代藩主黒田光之《みつゆき》によって修復されたとも、再建されたともいわれます。拝殿は享保十六（一七三一）年に建立され、石造りの鳥居は四代藩主黒田綱政《つなまさ》が寄進したもので、いずれも江戸時代から残る貴重な建造物です。境内にある神楽殿では、古くから伝わる県

高祖神社

最寄り駅・バス停：JR 筑肥線・周船寺駅⇨糸島市コミュニティバス・高祖バス停
参考タイム：高祖神社〔15分〕一之坂礎石群〔25分〕下の城址〔10分〕山頂〔40分〕高祖神社

指定無形民俗文化財の高祖神楽が春と秋に奉納され、地域の方々で賑わいます。

山頂への道

登山ルートは叶嶽《かのうだけ》宮付近の登山口から叶岳を経由するルートや、今宿野外活動センターから鉢伏《はちぶせ》観音堂を通って山頂に向かうルートなどがあります。また少し急ですが、高祖神社から一之坂礎石群を経て山頂を目指し、下りは北側の尾根筋に残る古代山城の痕跡を見ながら下山する登山ルートもおすすめです。古代・中世の山城の痕跡や福岡藩の縁深い寺社など、糸島の地の深い歴史を感じることができます。

鉢伏観音堂。怡土七ケ寺のひとつ金剛寺の跡とされる

No. 6　瓦経が埋められた山

飯盛山

いいもりやま／標高382.4m／福岡市西区

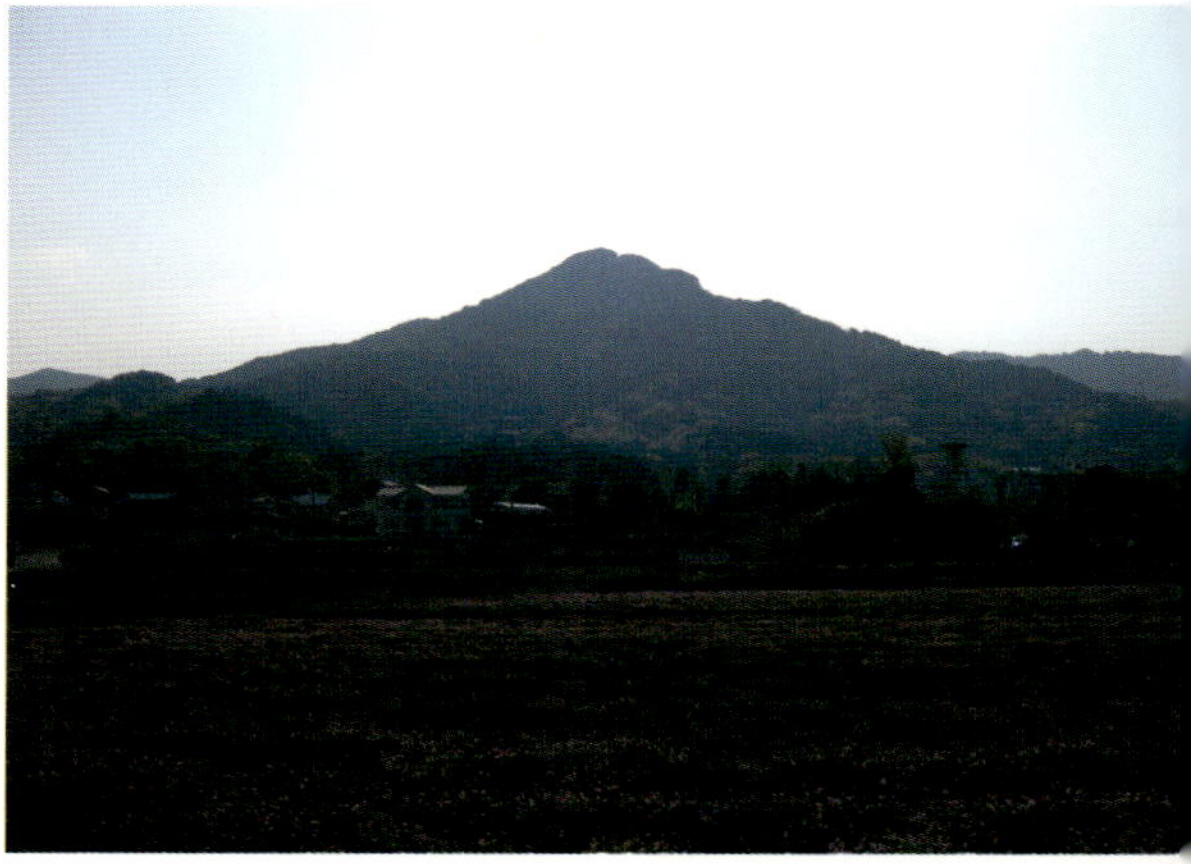
ご飯をこんもりと盛ったような形の飯盛山

飯盛山は福岡平野を流れる室見川の上流、福岡市西区にある標高三八二・四mの山です。麓には銅鏡・剣・勾玉《まがたま》の三種の神器などが出土した国指定史跡吉武高木遺跡があり、古くから重要な場所であったことがわかります。

山名の由来

山容が「飯を盛たるが如く」(『筑前国続風土記』)であることから、この名がついています。飯盛山と呼ばれる山はあちこちにあります。そのなかでも室見川越しに見る福岡市西区の飯盛山は、こんもりと盛ったご飯のような見事な山容をしています。遠くからでも見える中腹の鳥居は、飯盛神社中宮に建つ、日本で最も大きな合金の鳥居です。

飯盛神社とその周辺

飯盛山の麓には流鏑馬《やぶさめ》で有名な飯盛神社があります。創建は一二〇〇年前に遡るといわれ、清和天皇の勅命により、貞観元(八五九)年に上宮・中宮・下宮が建立されたと伝えられています。中世に最盛期を迎え繁栄しましたが、その後たび重なる戦火で当時の建物などは灰燼《かいじん》に帰し、記録なども焼失してしまいました。そうした歴史のなかにあって、当時の繁栄を物語る遺物が飯盛神社や飯盛神社近くの神宮寺、文殊堂に残されています。

左：飯盛神社／右：飯盛神社に伝わる宋風獅子（九州歴史資料館提供）

飯盛神社に伝わる一対の「宋風獅子」と呼ばれる石造物がそのひとつです。片方が玉を持ち、もう片方が子獅子を抱いている石製の獅子像です。十四世紀、鎌倉時代の終わりから室町時代の頃につくられた、大陸ゆかりのものです。宋風獅子はその名のとおり、狛犬ではなくライオンです。少し恐ろしい顔をして、鋭い爪などが表現されています。大陸から運ばれた宋風獅子は、北部九州を中心に十例ほどしかない貴重なものなのです。本物の宋風獅子はなかなか見ることはできません。飯盛山の中宮に、宋風獅子を模した獅子像が奉納されています。

文殊堂に祀られている木造文殊《もんじゅ》菩薩《ぼさつ》騎獅《きし》像も室町時代のはじめにつくられたものです。恐ろしい顔をした堂々たる獅子に、蓮の華に乗った文殊菩薩が凛として騎乗しています。文殊菩薩は知恵の神様で、お堂の脇には「智恵の湧水」が湧き出ており、水を汲みに来る人々が絶えません。

飯盛神社の木造文殊菩薩騎獅像（八尋和泉氏撮影）

山頂への道

飯盛神社の駐車場に車を停めて、舗装された道を少し行くと、中宮の大鳥居が見えてきます。大鳥居の横、裏などいくつかの登山ルートがあります。大鳥居の裏からの登山路に入ると「磐座《いわくら》」の巨石がごろごろと転がっています。ほどなく中宮跡に着きます。ここはきれいに整備されていて見晴がよい場所です。少し足を延ばせば「評《ひょう》

左：山頂の飯盛神社上宮跡。この周辺で瓦経が見つかった／右：飯盛神社中宮

定岩《じょういわ》」や「迎え岩」などがあります。標高はさして高くはありませんが、木の根がはびこる急峻な登りに息が切れます。目の前に立ちはだかる岩を登りつめると山頂です。

飯盛山は若杉山と夫婦山といわれ、正面に若杉山が見えます。若杉山の太祖《たいそ》神社にも宋風獅子が鎮座していました。飯盛山と若杉山はある時期、福岡平野を東西から護る役割を担っていたのでしょうか。ここから見える油山の姿も堂々としています。福岡平野や博多湾が眼下に広がり、低山ながら大変眺望がよいのです。

飯盛山瓦経

大正時代に飯盛山の山頂の石碑の付近から、福岡県指定文化財の瓦経《がきょう》が発見されています。石囲いの直径一mくらいの穴のなかに平安時代後期頃の瓦経が納められていたそうです。近年再調査が行われ、さらに詳しいことがわかってきたようです。瓦経とは粘土板にお経や仏像を線刻し、それを焼成したものです。これが瓦の形に似ていることからそう呼ばれています。

お経を埋める行為は九百年ほど前の平安時代後期に流行します。お経を埋めるのは経典を後の世に残すためであるとか、開山のためであるとか諸説あります。そのほとんどは巻物の紙に書き、銅製や陶器の容器

山頂からの眺望。低山だが眺めはよい

▲飯盛文殊堂

最寄り駅・バス停：西鉄バス・飯盛バス停
参考タイム：飯盛神社〔15分〕中宮〔10分〕中宮跡〔10分〕評定岩〔35分〕山頂（上宮跡）〔50分〕飯盛神社

（経筒《きょうづつ》）に入れて埋めるというものでした。瓦経の発見例は、福岡市の筥崎宮や愛宕山《あたごやま》、そして飯盛山など数例しかありません。飯盛山瓦経塚では近年の調査で、中世の陶磁器類とともに瓦経片約一六〇点が発見されました。瓦経には法華経や無量義経《むりょうぎきょう》が刻まれていたようです。

今は静かな山頂に、たくさんの瓦経を運び、そして盛大な儀式を行ったのでしょう。そうした記録は残っていませんが、この山頂に立つと、賑やかなその時代のお祀りの様子が見えてくる気がするのです。

飯盛山山頂で出土した瓦経（飯盛神社蔵、九州歴史資料館提供）。瓦経とは粘土板にお経や仏像を線刻して焼成したもの

荒平山（入部付近より）

No. 7　早良郡の軍事拠点

荒平山

あらひらやま／標高394.9m／福岡市早良区

小田部鎮元が自刃したとされる場所

油山の西、福岡市早良区に位置する荒平山は標高三九四・九m、室町時代に山城が築かれました。油山山頂から荒平山山頂までは約一時間、油山からの縦走も人気の山です。

山頂への道

登山道は、早良区の谷バス停の東にある林道から入る道がよく利用されます。林道の入り口が少しわかりにくいのですが、黄色く舗装された道を目印に林道に入って一kmほどいくと、右手に「荒平城主小田部鎮《こたべしげ》元《もと》自刃之地」と書かれた石碑があります。

左：山頂の「安楽平城跡」碑／右：山頂付近の堀切。堀切は城の防御のために掘られた溝

その奥には墓所があり、近年有志によって建てられた石碑には、その歴史が刻まれています。今もきれいに掃除され、お参りが続けられていることがわかります。林道の終点は少し広くなっており、車を停めることができます。登山道の入り口などには手作りの看板があり、山頂まで約四十分、道や山頂付近はよく整備されています。

荒平城の築城

　中世後半、大友氏や大内氏を中心に北部九州をめぐる攻防が激しくなり、飯盛城、曲淵《まがりぶち》城など、室見川の上・中流域の丘陵や山頂に山城が多くつくられていきます。荒平城も中世後半に築城された山城で、古くは「安楽平《あらひら》城」と書かれていました。江戸時代の文献を見ますと、馬場、陣ノ尾、大門、城ノ原、矢岳などの地名が山中やその周辺にあります。油山との間の谷を大谷と呼び、その下の広い平地を城ノ原と呼んだようです。そのうちのいくつかの地名は今も伝えられ、かつて山城のあった時代の痕跡をとどめています。

　山頂付近には堀切《ほりきり》と呼ばれる防御のための溝や、土塁《どるい》や石垣、かつて建物があったと思われる平坦地などを見ることができます。本丸があった山頂には、石碑や解説板、ベンチなどが置かれています。地面をよく見ますと、礎石かと思われる大きな石もあります。本丸から看板にそって歩いていくと、ほどなく二の丸です。ここからは、室

本丸跡（山頂）に残る礎石

左：ベンチなどが整備された二の丸跡／右：二の丸跡からの眺望

見川によって形成された早良平野と、それを取り巻く山々を一望することができます。二の丸は本丸よりもやや狭い平地ですが、ここにもベンチなどがあり、ゆっくりとした時間を過ごせます。

荒平城の正確な築城の年代はよくわかっていませんが、本丸の解説板によると、寛正三（一四六二）年に中国地方の守護大名であった大内政弘の家臣飯田幸松丸によって築城されたと伝えられています。『筑前国続風土記拾遺』には、「古い文献に寛正六年十二月の安楽平城の人々のことが書かれている」という内容が記載されていることから、十五世紀にはすでに築城されていたことがわかります。

荒平城の落城

天文二十（一五五一）年、「中国の雄」といわれた大内義隆《よしたか》が家中のクーデターで失脚すると、荒平城は豊後の大友氏の支配下となります。

天文二十二年、大友氏の家臣小田部鎮元が荒平城主となり、荒平城は大友氏の筑前五城のひとつとして早良周辺の支配の中心となります。

山頂付近の石垣

この荒平城も、天正年間（一五七三－九二）の今山合戦や耳川《みみかわ》合戦での大友氏の大敗によって戦乱に巻き込まれていきます。天正七年には三瀬《みつせ》を越えて肥前の龍造寺軍が侵入します。小田部鎮元は、防戦を続けますが力尽き、その子紹逸《しょういつ》ともども討死します。山内には、鎮元が自害したとされる場所や、一族が隠れたと伝えられる大岩などがあります。その後、鎮元の二男統房《むねふさ》が荒平城に籠城しますが、天正九年には力尽きて城を明け渡し、立花山に退去しました。荒平城の落城によって、大友氏の早良支配は終わりました。

その後、小田部鎮元の妻や統房は立花道《どう》

▲手作りの案内板

最寄り駅・バス停：西鉄バス・谷バス停
参考タイム：谷バス停〔15分〕小田部家墓所〔15分〕登山口〔40分〕山頂〔10分〕二の丸跡〔30分〕登山口〔30分〕谷バス停

小田部家墓所。ゆかりの人々によって大切に守られている

雪《せっ》のもとに送られ、立花家家臣として代々仕えました。

荒平山は、安楽平山からその名を変えているものの、百年以上にわたる城の歴史を秘めて、今もなお、その歴史を静かに守り続ける地域の人々の心を感じることができる山です。

油山（片江より）

No. 8　幻の中国風寺院

油山

あぶらやま／標高597m／福岡市城南区・南区・早良区

福岡平野の南西に位置する油山は、福岡市民の憩いの森として親しまれている山です。標高五九七m、中腹にある「油山市民の森」は、春の桜、秋の紅葉、冬の椿と四季折々に美しい色に染まり、夏にはキャンプ場で星を眺めることもできます。油山の東の中腹には油山牧場もあり、家族連れで賑わっています。夜景の美しさで知られる片江展望台からは、昼間には福岡平野、博多湾を見渡すことができ、秋には大型のタカ、ハチクマが飛来することでも知られています。

紅葉谷

山頂への道

左：油山観音の木造聖観音坐像（福岡市博物館提供）／右：油山観音。石垣が歴史を感じさせる

登山ルートは、梅林《うめばやし》からのルートや「油山市民の森」からなどいくつかあります。片江展望台から山頂へは、尾根に上がるまでややきつい登山路ですが、尾根伝いの道は木立の中の整備された歩きやすい道です。途中には妙見岩や国見岩と名づけられた大きな岩があり、当時の信仰や眺望のよさをしのぶことができます。近年伐採によって眺望がよくなった山頂にたどり着き、博多湾を眺めながら、その歴史を想像してみるのも楽しい時間です。

油山の西には十五世紀に築かれた山城で有名な荒平山もあり、縦走も楽しめます。

中腹には九州西国霊場札所のひとつ、清賀山油山観音があり、室町時代につくられた清楚なおもむきの聖観音菩薩坐像が伝わっています。また、境内には海神《うみ》社や羅漢像、新羅式石門などもあります。

山名の由来

「油山」という名は平安時代頃からといわれ、山口県・防府《ほうふ》天満宮に伝わる鎌倉時代の梵鐘の銘文にも「油山」の文字が見えます。その名の由来について、江戸時代に貝原益軒《かいばらえきけん》がまとめた『筑前国続風土記』の「油山」を見ると、以下のように書かれています。

「福岡の南にある高山也。山上に登臨すれば、壱岐対馬其外の遠所迄よく見ゆ。福岡より山下の東油山村迄一里半許《ばかり》、山下より嶺迄廿町許有。ふもとより東にまはりて路あり。聖武帝の御宇《ぎょう》にや、清賀といへる僧此山に住し、胡麻を多く作り油を搾りて、怡土《いと》郡諸寺に遺はしける。是によりて油山と云」

左：西油山天福寺跡。礎石などが残っている／右：天福寺跡で出土した薩摩塔片（福岡市埋蔵文化財センター蔵）。薩摩塔とは南宋期に中国でつくられた石塔

山名の由来については、清賀上人がこの山に住み、胡麻油をつくり、怡土郡（今の糸島市南部）の寺に配ったからだと書かれています。また一説には、油山正覚寺（現油山観音）開山の祖である清賀上人が日本ではじめて椿の実から椿油を精製し、各地方に配って回ったことに由来すると伝えられています。

油は灯明のための貴重な燃料でした。その原料になるのが椿の実や胡麻です。椿の実や胡麻からしぼりとった油を灯明皿という素焼きの皿に入れ、そのなかに芯を浮かせそこに火をつけて明かりとしました。特に寺社では勤行や夜間書物を読んだりするのに必要だったのでしょう。今でも山岳寺院があった山々を歩くとヤブツバキが多くあるのは、そのせいかもしれません。

『筑前国続風土記附録』の「荒平古城・東油山」絵図（九州歴史資料館蔵）

開山の祖清賀上人

油山の開山の祖といわれる清賀上人はインドから渡来したといわれ、聖武天皇の勅願寺でもある雷山千如寺《せんにょじ》も開山したとされます。千如寺には重要文化財の木造清賀上人坐像がありますが、本当に実在したのかはよくわかりません。福岡平野周縁の山々には渡来した僧侶や神様が開山したとされるお寺やお宮が目立ちます。貿易港である博多湾があり、大陸と通じたこの地ならではのことと思われます。

最寄り駅・バス停： 福岡市営地下鉄・梅林駅／西鉄バス・油山団地口バス停
参考タイム： 油山団地口バス停〔30分〕油山観音〔20分〕片江展望台〔40分〕妙見岩〔30分〕国見岩〔15分〕山頂〔100分〕油山団地口バス停

東油山泉福寺と西油山天福寺

江戸時代に書かれた文献によると、油山には東油山泉福寺《とうゆうざんせんぷくじ》と西油山天福寺《さいゆうざんてんぷくじ》の二つの寺があったようです。それぞれに三六〇坊、あわせて七二〇もの僧坊があったといわれる大きな寺院でした。東油山泉福寺の法灯は油山観音に伝えられていますが、西油山天福寺は脊振山の僧徒との争いで廃絶したとされています。かつて天福寺があったとされる山の中には、今も当時の建物に使われた礎石や石垣などが、ひっそりと埋もれています。付近からは、中国から運ばれた青磁や白磁などが出土しています。今はなき天福寺は、平安時代の終わり頃から鎌倉時代にかけて、中国で焼かれた瓦を葺いた大陸風のお寺として存在したようです。清賀上人の伝説に伝わるように、大陸の新しい文化を取り入れ、広めていった重要な寺院のひとつが、この山につくられていたのでしょう。

脊振山（脇山より）

No. 9　航海の指標ともなった霊山

脊振山

せふりさん／標高1054.6m／福岡市早良区・佐賀県神埼市

福岡平野をぐるりと囲む山々、その西の要の脊振山は日本三百名山のひとつとして知られています。標高は一〇五四・六m、佐賀県と福岡県にまたがり、油山・九千部《くせんぶ》山《やま》・金山など東西六〇㎞にわたって連なる脊振山系の最高峰です。

山頂への道

椎原《しいば》バス停から登る車谷コースや湯《ゆ》の野《の》バス停から登る小爪谷《こづめだに》コースがよく利用されています。

九州自然歩道の一部でもあり、登山ルートは福岡県側からも佐賀県側からもいくつもあります。体力に自信がない時には山頂のすぐ下の駐車場から尾根筋を歩くのもいいようです。五月にはミツバツツジが咲き誇り、花のトンネルとなります。また、中腹には霊仙《りようぜん》寺《じ》跡やサザンカの自生地があり、車で回ってもその歴史を十分楽しめます。

左：上宮の石祠とレーダードームがある山頂／右：麓の修学院。脊振山の法灯を今に伝える

山名の由来

脊振山の名前の由来には諸説ありますが、その稜線が龍の背に似ているとか、山の上に降りた弁財天が連れた飛龍が、背を振ったなどの言い伝えがあります。また、日本に禅の文化をもたらした栄西《ようさい》が宋から持ち帰った茶を初めて植えたとの説もあり、茶がよく育ったことから「茶降山」と呼ばれ、それがなまったともいわれます。

開山伝承

脊振山の開山期の頃のことは、実はよくわかっていません。言い伝えでは延長三（九二五）年に天台宗の僧侶である湛誉《たんよ》上人によって開山したと伝えられます。山頂部を上宮として弁財天を祀り、中腹の霊仙寺を中宮とし、麓には下宮として積翠寺《せきすいじ》、現在の修学院《しゅがくいん》をつくり、最盛期には千坊を擁する仏教の聖地として栄えました。弘法大師空海が唐に渡る際に祈禱し、無事帰ってきた際に山頂に四十九坊を建てたとか、伝教大師最澄も渡唐の後自ら薬師仏を彫り、お堂を建てたという伝承も残ります。また、修験道の開祖である役行者《えんのぎょうじゃ》（役小角《えんのおづぬ》）の伝説や、霧島山で修行し、書写山圓教寺《しょしゃざんえんぎょうじ》（兵庫県姫路市）を開山したことで知られる性空《しょうくう》上人も脊振山で修行したなどの話も伝わります。

中世以降の脊振山

中世に書かれた『脊振山霊験』という資料を見ますと「徳善大王弁財天、乙護法《おとごほう》の霊場」とあり、山頂に祀られた弁財天の信仰や、中腹に残る乙護法堂は中世にまで遡ることができるようです。徳善大王とは南《なん》天竺《てんじく》、今のインドの神様で、そのお后《きさき》が弁財天だともいわれています。この二人の十五番目の王子が乙護法で、生後七日目に行方不明になり、龍樹《りゅうじゅ》菩薩に尋ねたところ菩薩は三千界を見回し、西海の脊振山に王子がいることを見つけたそうです。大王は

左：霊仙寺跡付近の道／右：中宮跡に立つ乙護法堂

はるばるインドから残りの十四人の王子とともに、乙護法のいる日本の脊振山に来たと伝えられています。また、山頂の弁財天が水の神様であるのに対し、乙護法が脊振山を守護する山の神様であるとの言い伝えもあります。

『筑前国続風土記拾遺』には、「僧坊千坊ありて、東谷　西谷　南谷　北谷に住せり。東谷は那珂郡五ケ山の処々に坊舎の址有。北谷は南面里　別所　西畑等に在。西谷は椎原　小笠木　脇山等の八村其地也。南は肥前国神埼郡霊仙寺是を中宮と云坂本坊等也」と書かれています。谷ごとにまとまった僧坊があり、佐賀県、福岡県といった今の県境を越え、千坊ともいわれる大きな寺院だったようです。昔は山寺同士の争いも絶えなかったようで、脊振山東門寺の僧侶と西油山天福寺の僧侶が争い、その戦火で西油山天福寺は消失して廃絶したなどの言い伝えもあります。

十五世紀に入ると、戦乱や戦火に巻き込まれるとともに、寺の経営も変化して麓での宗教活動の比重が大きくなり、その勢力は次第に衰えていきます。やがて豊臣秀吉の検地によって大半の寺領地は没収され、現存する乙護法堂や霊仙寺内の水上坊などの数坊を残し廃絶に近い状況となります。江戸時代には鍋島藩によって九坊が再興されますが、明治維新後は藩の援助もなくなり、山内は廃墟となってしまいました。

近年の脊振山

その後は再興することなく、山の歴史は人々の記憶から薄れていきました。近年は鉄塔や道路の建設が進んだり、五ケ山ダムの工事が進むなど、脊振山周辺は大きく変容しています。そうしたなかでも、福岡市脇山や佐賀県神埼市にもたくさんのお堂が現存し、脊振山の往時の名残《なごり》が周辺に残されています。また、五ケ山ダムの建設に伴って行われた発掘調査でも中世の陶磁器や生活の痕跡が発見され、考古学的な調査に

霊仙寺の経塚跡（左）と石塔群

よっても山の様子が明らかにされてきています。このような歴史の断片を拾い集めた調査や研究が蓄積されつつあり、脊振山は再びその栄華を語り始めているのです。

様々な発見

東門寺跡の山頂部では、平安時代後期のお経を埋めた経塚《きょうづか》群が発見されており、この頃には開山されていたことがわかっています。

中腹の中宮跡に立つ乙護法堂からは有明海が見渡せ、周辺には茶畑が広がります。かつてお茶は薬として珍重され、中世の僧侶や山伏たちは、仏教の教えを広めるだけでなく、呪術やお茶などを用いた施薬などで民衆の信仰を集めていました。霊仙寺の西谷地区の石上坊に栄西がお茶を植えたとの伝承から、近年では毎年五月に乙護法堂を中心に「脊振千坊聖茶まつり」が賑やかに行われています。

周辺の霊仙寺跡は発掘調査が行われ、お経を埋めた経塚やお墓の跡、寺があったと思われる平坦地などが見つかっています。出土した経筒《きょうづつ》や蔵骨器《ぞうこつき》（骨壺）などから、平安時代の終わりくらいから鎌倉時代を中心としてとても栄えていたことがわかりました。霊仙寺跡は整備されており、見学することができます。乙護法堂の近くには経塚の跡が残り、さらに少し藪《やぶ》をかきわけて足を延ばすと、古い石塔の部材や石組みの跡がそのままの姿で残っています。

麓の下宮跡には修学院と熊野神社があります。修学院は、脊振山の法灯を今に伝える唯一の寺でもあります。究学修法の道場、つまり勉強の場でもあった積翠寺の流れをくみ、江戸時代、慶長年間（一五九六－一六一五）に鍋島藩の庇護のもと、佐賀城の鬼門除けの寺としてつくられました。ここには脊振山の歴史を伝える文書が多く残されていました。

最寄り駅・バス停： 西鉄バス・椎原バス停、湯の野バス停
参考タイム： 椎原バス停〔50分〕車谷登山口〔110分〕矢筈峠〔35分〕山頂〔150分〕椎原バス停

航海と航空の目印

脊振山には眺望のよさから、太平洋戦争後の占領下で米軍のレーダー施設が山頂に建設されました。現在は航空自衛隊に移管されて、脊振山分屯基地となっています。山頂には丸い対空レーダーがあり、どこから見てもすぐに脊振山を見つけることができます。しかし、米軍のレーダー建設のずっと前から、海の神、弁財天が祀られ、脊振山は貿易港でもあった有明海と博多湾の航海の目印となる、対外的に重要な山だったのです。

かつては山そのものが神様であり、長い間聖なる場所として人々の信仰の対象となっていました。そうした歴史を振り返りながら脊振山を眺めていると、わずか数十年で変容した光景に、先人たちは驚いているだろうなあと思ったりします。

首羅山遺跡本谷地区の正面に見える九千部山

No. 10　法華経九千部読経の山

九千部山

くせんぶやま／標高847.5m／筑紫郡那珂川町・佐賀県鳥栖市

九千部山は、筑紫郡那珂川町と佐賀県鳥栖市にまたがる標高八四七・五mの山です。福岡東部からは稜線の美しい円錐形の山に見えますが、筑後方面からは、台形状のなだらかなゆったりとした山に見えます。

山名の由来

九千部山の名前の由来については、地域の伝承としてこんな話が伝わっています。脊振山を開山したと伝えられる性空《しょうくう》上人が法華経一万部の読経の大願をおこして、この山に入山しました。九千部を読み、そのお経を埋納し、三重の塔を建立したといわれます。残りの千部は久留米の経《きょう》の隈《くま》で読み終え、その地にお経を埋めたとされます。那珂川町の千部山真教寺にも、性空上人が残りの千部をここで読み、埋経したとの説があります。

山内には「塔《とう》の尾《お》」などの地名が残り、今も石垣や平坦地を確認できますが、江戸時代の文献を見ますとすでに寺はなく、材

山頂からの眺望

木をとったり、鷹をとったりする場所であったとしか書かれていません。

しかし、この山は古代から中世にかけては大変重要な山であったようです。宝満山の麓、竈門《かまど》神社の駐車場付近にあるかつての講堂跡から見ますと真正面にあり、久山町・白山にある首羅山《しゅらさん》遺跡の本谷地区の中核施設からも正面に九千部山を見ることができます。こうしたことから、かつては象徴となる重要な霊山であったと思われます。

山頂への道

石谷山からの縦走路など、いくつかのルートがありますが、南畑ダムの横にあるグリーンピアなかがわのゲートの横から入る登山道もあります。桜谷から桜谷遊歩道と呼ばれる谷筋の道を行きます。途中には石垣や造成された平坦地がありますが、いつの頃のものなのかははっきりしていません。杉などの植林も多いのですが、尾根に上がりこんで山頂へ向かう道は雑木林となり、紅葉やミツバツツジなども見られます。

谷筋に残る石垣

▲九千部山山頂

参考タイム：グリーンピアなかがわ〔50分〕尾根〔30分〕山頂〔70分〕グリーンピアなかがわ

山頂から脊振山を望む

山頂はよく整備されて立派な展望台もあり、その眺めを堪能できます。山頂にはテレビ塔やラジオの無線塔がたくさん立っていますが、それもうなずけるほど、大変見晴らしのよい場所です。脊振山山頂のレーダーも近くに見えます。性空上人も、この風景を眺めながら読経し続けたのでしょうか。

山頂からの眺望

No. 11　1300年以上前の巨大水門

基山

きざん／標高404.5m／筑紫野市・佐賀県三養基郡基山町

「今よりは城の山道は寂しけむ我が通はむと思ひしものを」

一三〇〇年前につくられたこの歌は、筑後守葛井連《ふじいのむらじ》大成《おおなり》が奈良へ帰る大伴旅人《おおとものたびと》に詠んだ歌です。「城の山道」は基山の東側を通る山越えの官道といわれています。

福岡県と佐賀県の境にある基山は標高四〇四・五mの山です。今は多くの登山者が訪れ、山の西側の草スキー場は親子連れで賑わいます。

古代山城、基肄城

かつて基山には基肄《きい》城という古代山城がつくられました。六六〇年に朝鮮半島では、唐・新羅軍との戦いによって百済が滅亡しました。六六三年、日本は親交の深かった百済に対し援軍を送り、唐・新羅軍と戦いますが負けてしまいます。この白村江の戦いに敗北した日本は、六六四年には筑紫国や壱岐・対馬などに防人《さきもり》を置いて水城を築き、翌六六五年に大野城・基肄城、長門国

基肄城の水門跡と石塁

（所在不明）に城を築城し、唐・新羅の侵攻に備えたと伝えられます。

国家事業として築城された大野城や基肄城は、百済の高官の指揮によって築城され、古代山城のなかでも朝鮮式山城と呼ばれます。基肄城は自然地形をよく利用してつくられており、約三・九kmの土塁《どるい》・石塁で城壁を築いています。基肄城は昭和十二年に国史跡に指定され、昭和二十九年には特別史跡に指定されました。

復元された水門跡

山の南側にある水門跡からの登山道が一般的でよく整備されています。水門跡へ向かうまでの麓の集落の、細く鋭角に何度も曲がる道を通ると、さすが防衛の山だなと感じます。登山道の入り口の水門跡には小さな祠があります。ここにはかつては南門があったといわれています。古代山城は防御のために土塁を築きますが、谷部などには石を積んだ石塁をつくります。谷部に流れる水を流し出すためにつくられるのが水門です。基山の水門跡は、谷水が集まった住吉川の水を流すためにつくられたもので、長さ二六m、高さ八・五m以上の石塁の下部に、高さ一・四m、幅一mほどの大きさで水口がつくられています。これは古代山城の水門としては大変大きな水口です。横にはいくつかの排水機能をもった小さな水口もつくられています。水量によっては水口をつくらず、石の間から水を流す石塁もありますが、この水門跡の水量はとても多く、大変な土木工事だったのではないかと推察されます。

水門跡にある祠

左：基山山頂／右：米倉礎石群。大きな礎石が整然と並ぶ

山頂への道

水門跡から少し登ると、史跡巡りコース歩道と基山山頂歩道の分かれ道の標識が見えます。史跡巡りコース歩道の標識に沿って少し歩くと米倉礎石群があります。平坦地に大きな石が整然と並んでいます。かつてここにつくられた建物の柱を支える礎石です。山全体には四十棟ほどの倉庫などの建物があったといわれます。大宰府政庁付近で発見された木簡に、基肄城の備蓄米を筑前・筑後・肥（前）の諸国に分け与えるように命じたことが書かれており、緊急時に供えて稲を蓄えていたことがわかりました。

「かねつき」という地名もあり、伝承では寺院の関連施設があったともいわれています。さらにつつみ跡を通り、東北門跡に向かいます。門は、城の東北部に連なる高さ三mほどの土塁の一部を切ってつくられたもので、近世に筑紫野市の萩原へ向かう「萩原越え」と呼ばれた道が続いています。今も地面には門扉《もんぴ》の軸穴が彫りこまれた門礎と呼ばれる基礎の石が残っています。

東北門跡から山頂へは二つのコースがあります。土塁線に沿って歩くコースでは、城の最北部、大宰府政庁からの正面玄関といわれる北帝門《きたみかど》跡を通ります。もうひとつは丸尾礎石群を通って山頂へ向かうコースです。丸尾礎石群は、尾根を切り開いて段々に造成された平坦地の随所に大きな礎石が見られ、五間×三間の建物がいくつもあったことがわかります。山頂の北東の大礎石群は城のなかでも特別に大きな建物の礎石で、十間×三間の建物がありました。同時期につくられた大野城の建物の跡も五間×三間がほとんどですので、大礎石群は古代山城のなかでも特別な建物の痕跡と考えられます。付近では百済系の瓦など、築城期の貴重な遺物が発見されています。

山頂に残る中世山城の跡

▲水門跡の標石

最寄り駅・バス停： JR 鹿児島本線・基山駅
参考タイム： 水門跡〔10分〕分岐〔10分〕米倉礎石群〔15分〕東北門跡〔15分〕丸尾礎石群〔10分〕大礎石群〔３分〕山頂〔50分〕水門跡

山頂付近はよく手入れされており、見晴らしは抜群です。四月末から五月上旬にはオキナグサがところどころに保護されて咲いています。頂上は戦国時代につくられた城の主郭の跡で、台形のような形状をしています。基山には古墳時代につくられた古代山城と、戦国時代、約五百年前につくられた中世山城があるのです。記録では明応六（一四九七）年に陶《すえ》尾張守・同安房守が木山（基山）に陣を置いたと伝えられます。山頂にある「いものがんぎ」は、古代山城の土塁を切ってつくった堀切《ほりきり》と呼ばれる中世山城の施設で、イモ畑の畝《うね》に似ていることからこう呼ばれています。

４月末－５月上旬に咲く
オキナグサ

上左：武蔵寺の藤／上右：天拝山山頂に立つ天拝山社
下：山頂へ向かう道はとても歩きやすい

基山から九州自然歩道を北側に行くと、天拝山まで縦走できます。天拝山は標高258m、古くは「天判山」と呼ばれていました。大宰府に流された菅原道真が、無実の罪を晴らすために山頂に立って天を拝んだという伝説からこの名がついたといわれています。山頂までの道はよく整備されていて、山歩きをしている人が大変多い山です。麓には古刹武蔵寺があり、４月の終わりから５月にかけては花房１m以上の見事な藤が見頃を迎えます。

天拝山と武蔵寺《てんぱいざんとぶぞうじ》

防衛のために古代山城として切り開かれた基山でしたが、幸いにも戦いに巻き込まれることはありませんでした。

万葉の歌人大伴旅人は、妻を失った悲しみをこの山でこう詠っています。

「橘の花散る里のほととぎす片恋しつつ鳴く日しぞ多き」

混乱の時代のなかで、山は今と同じように美しく、人々の心を慰めていたのでしょう。

基山の山容

高良山神籠石

No. 12　神籠石と中世山城

高良山

こうらさん／標高312m／久留米市

高良山は、標高三一二m、中腹の高良大社は筑後国一の宮として知られています。古くから延命長寿や筑紫路の交通の要所をつかさどる守護神として知られてきました。高良山の別名を高牟礼山《たかむれやま》、不濡山《ぬれせぬやま》ともいいます。

高良山の背後には耳納《みのう》連山があり、高良大社の本殿近くにある展望所からは筑後平野と筑後川が一望できます。高良大社本殿は久留米藩三代藩主有馬頼利《よりとし》公が万治三（一六六〇）年に寄進したもので、神社建築としては九州最大級の大きさで、国の重要文化財に指定されています。

境内には久留米つつじ原木群や孟宗金明竹林、樹齢四百年といわれる大樟など、国指定・県指定天然記念物の珍しい植物があります。

高良山の歴史

縁起などによれば、白鳳《はくほう》・朱鳥《しゅちょう》年間（六七〇年頃）に隆慶《りゅうけい》上人が高良山中に観

国指定重要文化財の高良大社本殿（中川元延氏撮影）と一の鳥居

世音菩薩を安置したとされ、高良大社の神宮寺として高良山高隆寺《こうりゅうじ》を開山したそうです。

　高良神が文献で確認できるのは、延暦十四（七九五）年のことです。

　現在の高良大社の祭神は高良《こうら》玉垂命《たまたれのみこと》、八幡大神、住吉大神で、古くは高良玉垂宮と呼ばれていました。元寇の蒙古調伏の際には勅使が参向されたといわれ、南北朝期には懐良《かねよし》（「かねなが」とも）親王が高良山に陣を構えたと伝えられます。戦国時代には山城がつくられ、大友氏の拠点となりました。江戸時代になり有馬家の篤い保護を受け、筑後国一宮として崇敬されてきましたが、明治初期の神仏分離令により山内にあった寺坊は破却され、この時に貴重な文化財は失われてしまいました。

山頂への道

　JR久大本線久留米大学前駅から一の鳥居である大鳥居をくぐって境内に入ります。この大鳥居は高さ六・八m、柱間四・五m、承応四（一六五五）年に久留米藩主有馬忠《ただ》頼《より》公によって寄進されたどっしりとした鳥居で国指定重要文化財です。

　参道を行くとほどなく、右手に大きなカタルパの木が見えてきます。同志社大学の創始者である新島襄氏がアメリカから持ち帰り、この地にもたらされたと伝えられる珍しい木で、五月の終わり頃に白い花をつけます。

　中腹の高良大社まで車で上ると、そこから山頂までは徒歩三十分ほどですが、麓から参道を歩くコースもあります。神様が手

国指定天然記念物の孟宗金明竹林

左：高良山展望台からの眺望／中：奥宮の鳥居／右：カタルパの木

水を使われたと伝えられる御手洗池《みたらい》の付近から、琴平《ことひら》神社を通って山頂へ行くコースと、愛宕《あたご》神社を通り神籠石《こうごいし》に沿って歩くコースなどいくつかに分かれ、歩きやすいよく整備された道を通って山頂に行くことができます。高良大社近くの国指定天然記念物の孟宗金明竹林も見事です。

　高良山は毘沙門嶽とも呼ばれ、途中、奥宮へ立ち寄ると、スピリチュアルな雰囲気の道の先に、毘沙門堂と呼ばれる祠《ほこら》があります。ここは神功皇后に仕えた武内宿禰《すくね》の葬所との説もあります。

　山頂付近は毘沙門嶽城と呼ばれる中世山城の跡で、正平十四・延文四（一三五九）年の筑後川の合戦の際に懐良親王の拠点となったと伝えられています。別所城とも呼ばれ、今も段造成の跡や堀などが残っています。

高良山の神籠石

高良山は「神籠石」の名称の発祥の地として知られています。神籠石とは高良山の本殿の裏手にもある列石で、古代山城の遺構です。神籠石の名称のルーツをひもとくと、鎌倉時代頃につくられた「高良山垂宮縁起」のなかに「八葉の石畳」「神籠石」の名称が書かれています。この頃には高良玉垂神の住まいであるとされる磐座《いわくら》（馬蹄《ばてい》石《せき》）のことを「神籠石」と呼んでいたようです。江戸時代になると列石の方を「神籠石」と呼ぶようになりました。

　明治三十一（一八九八）年に小林庄次郎氏がこの列石「神籠石」として考古学会に発表しました。それ以降、御所ケ谷《ごしょがたに》神籠石（行橋市）や女山《ぞやま》神籠石（みやま市）など同じような列石の発見が相次ぎ「山城説」と「神域説」が論争されていきます。この論争に終止符が打たれたのは、昭和三十八年のおつぼ山神籠石（佐賀県武雄市）の発掘調査でした。調査の結果、大野城や基肄《きい》城などと同じ朝鮮式山城と共通する技術が用いられていることがわかり、古代山城で

▲高良大社の三の鳥居

◀登山道で見つけたヒメシャラ

最寄り駅・バス停：JR久大本線・久留米大学前駅
参考タイム：久留米大学前駅〔20分〕愛宕神社〔30分〕孟宗金明竹林〔10分〕高良大社〔20分〕奥宮〔10分〕山頂〔60分〕愛宕神社〔20分〕久留米大学前駅

あると結論づけられました。

高良山神籠石は、高良山の西側の五つの峰をまたぐように連なっています。列石の上には土が盛られ土塁《どるい》が築かれており、城壁として使われたと考えられています。列石は二・五―三㎞も連なっています。馬蹄石の近くには北谷と南谷があり、かつてはそこに水門があったと考えられています。建物や土塁などの明確な遺構は未確認で、城壁内部に何があったのかは、これからの調査で明らかになるのでしょう。現存する、隙間がないように配置された大きな列石だけでも、古代の技術の高さに感心するばかりです。

古代から歴史の舞台となったこの山には、幾多の困難な時期を経て、今なお多くの参拝客が訪れています。この山を歩くと山内にある、多くの文化財に圧倒されます。まさに筑後地域の歴史と信仰の象徴です。

四王寺山（宝満山より。井形進氏撮影）

No. 13　大陸と対峙する山

四王寺山

しおうじやま／標高410m／太宰府市・大野城市・糟屋郡宇美町

四王寺山は、福岡平野の最も奥に位置し、「遠《とお》の朝廷《みかど》」大宰府政庁の背後に、屏風のように横たわる山です。太宰府市と大野城市、宇美町の境にあります。大城山《おおきやま》、水瓶《みずかめ》山《やま》、大原山《おおばるやま》、原山などのいくつかの峰々の総称で、これらが連なりひとつの台地のような山容をつくりだしています。最も高い峰は大城山で標高は四一〇m、九州自然歩道や県民の森などの整備も進み、市民の憩いの森としても親しまれています。

山頂への道

登山口はいくつもありますが、県民の森からや、大宰府政庁口からの山歩きがおすすめです。大宰府政庁の西側の坂本八幡宮を経て、尾根まで上がります。尾根道は古代山城の土塁《どるい》でもあります。尾根を一周してもよいですし、山頂の大城山に行き、戻って焼米《やきごめ》ケ《が》原《はら》や大原山、岩屋城をめぐるルートでも楽しめます。大城山山頂には毘沙門堂があり、平成二十七年に登山者によっ

左：百間石垣／右：大宰府口城門跡

て独鈷《とっこ》（密教で使う法具）が発見されています。

古代山城の時代

六六五年、この山に巨大な城が築かれました。国の特別史跡となっている大野城です。日本百名城にも選ばれている大野城は、六六三年の白村江の戦いで、日本が唐・新羅の軍に敗北したことがきっかけで築かれました。日本の要塞として、百済の高官の技術指導によって巨大な軍事基地をつくったのです。朝鮮半島の技術を導入していたことから朝鮮式山城と呼ばれます。実際には軍事機能を発揮することはありませんでしたが、その痕跡は現在も、石垣や建物跡、累々と続く土塁など山の随所に残っています。

代表的な百間《ひゃっけん》石垣は、長さ約一八〇m、山の北側を護るためにつくられた城壁で、城門や水門なども残り、その姿は壮観です。

平成十五年に福岡地方を襲った集中豪雨で大野城の石垣などは大きな被害を受けました。皮肉にもその復旧のために行われた調査によって古代山城の構造が詳しくわかってきているのです。

一説には、四王寺山の最高峰「大城山」は、大野城があったことから名づけられたともいわれています。地元の伝承では、筑紫の国を訪れた神武天皇のために荒《あら》気《き》武彦《たけひこ》が仮の宮を建てて娘を宮仕えさせたところ、初めての皇子を授かったことから「始皇子」となり、天皇の城があるということから「王城山」と呼ばれたとの伝説もあります。このような大野城が築かれる以前の伝説から、この山が古来より特別な山であったことを知ることができます。

四王寺の建立

さて、大野城が築かれて百年ほど経った頃、再び日本は朝鮮半島との緊張関係に陥ります。新羅が日本に対して呪詛《じゅそ》を行っているというものです。そこで七七四年、こ

（左から）岩屋磨崖石塔群／伝四王寺山出土の経筒（九州国立博物館蔵）／大城山山頂の毘沙門堂

の山に四天王像を祀り、四王寺が創建されます。その場所は、新羅に対峙する四王寺山の西北、現在の毘沙門堂付近といわれています。

　天台宗の開祖最澄にまつわる伝説のなかには、山の東南にある水瓶山に黒雲が立ち込めるのを不思議に思い、その地を掘ってみると六口の瓶が現れ、それを用いて干魃《かんばつ》に苦しむ民のために雨乞いの祈禱を行ったという話があります。

　康和四（一一〇二）年、四王寺の天王鉢で黒蛇が死んだなど不可解な噂が報じられ、その頃、寺としての四王寺も四天王像も歴史の記録から姿を消してしまいます。しかし、その後も山の名として「四王寺」は生き続け、深い信仰の山であったことを今に伝えています。

　このように、四王寺は異国だけではなく、異界と対峙する寺としてその役割を果たしていったのです。この山の歴史をたどると、人々の異国や異界への深い畏怖を感じます。

経塚の山

四王寺山は経塚《きょうづか》が多くつくられたことでも有名です。経塚というのはお経を壺や銅製の経筒《きょうづつ》などに入れ埋めたものです。経塚がつくられはじめた平安時代後期、世は乱れ、末法の世といわれました。五十六億七千万年後に弥勒《みろく》菩薩が如来となって現れ、この世を救うまで、仏法を伝えようとして経塚がつくられたといわれます。北部九州では平安時代後期に山々を中心に流行しますが、そのなかでも四王寺山は経塚造営の中心地であり、「聖地」であったことがわかるのです。

中世以降の四王寺山

　鎌倉時代以降になると、山の南側に寺院がつくられていきます。原山には無量寺《むりょうじ》がありました。時宗の開祖である一遍は十二年間原山にいたと伝えられます。また、日本の禅宗の祖栄西《ようさい》と原山の学僧との間で行

▲三十三石仏・第12番
札所の千手観音菩薩

▲岩屋城跡に立つ石碑

最寄り駅・バス停：西鉄天神大牟田線・都府楼前駅
参考タイム：大宰府政庁跡〔5分〕坂本八幡宮〔45分〕尾根〔20分〕大城山〔35分〕焼米ケ原〔20分〕大原山〔25分〕鏡ケ池〔15分〕岩屋城跡〔35分〕大宰府政庁跡

われた議論のことを書いた文書なども残っています。今その痕跡は目にすることはできませんが、多くの学僧が集う山でした。「原八坊」といわれた原山には足利尊氏も入ったようです。

山の南東には、天正十四（一五八六）年に島津軍との壮絶な戦いの結果、高橋紹運《じょううん》以下七六〇名余りが壮絶な最期を遂げたことで有名な岩屋城が築かれた岩屋山があります。その南側斜面の「岩屋谷」と呼ばれる場所には、岩屋磨崖《まがい》石塔群があります。大きな岩に仏塔を彫りこんだものです。年号などの文字もあり、南北朝時代から室町時代にかけてつくられたことがわかります。さらに下ると谷合に、観世音寺の子院である金光寺跡が整備されています。

江戸時代の寛政年間（一七八九－一八〇一年）に整備された四王寺山三十三石仏は、四王寺山を一周するようにつくられており、現在も多くの参拝者が訪れます。

　峰々をたどりぐるりと一周してみると、思いのほかアップダウンがあり、なかなか歩きごたえがあります。眼下の眺望、そして随所に残された壮絶な戦いの歴史の痕跡、今に伝わる信仰の証《あか》しなど、聖地であることを感じながら、たっぷりと一日かけて山の深さ、歴史の深さを楽しめる山です。

観世音寺の49の子院のひとつ金光寺跡

大宰府政庁跡　だざいふせいちょうあと

大宰府政庁跡と四王寺山（井形進氏撮影）

　四王寺山の登り口のひとつに大宰府政庁跡があります。大宰府政庁が儀礼的空間として整備されたのは約1300年前、710年頃のことです。「遠の朝廷」と呼ばれ、律令国家最大の地方官衙（かんが）として九州全域を統括しました。
　発掘調査の結果、大きく３時期の変遷があったことがわかり、12世紀前半まで存続したことがわかっています。南門、中門、北門、正殿、後殿があり、外側の回廊まで入れるとその規模は南北215.45m、東西119.20mになります。
　調査の成果をもとに史跡整備が行われ、市民の憩いの場として、そして本物の礎石を見ることができる歴史学習の場としてなど、多くの人々が愛する場所になっています。

No. 14　筑紫の国の総鎮守

宝満山

ほうまんざん／標高829.6m／太宰府市・筑紫野市

宝満山（筑紫野市吉木付近より）

宝満山は、標高八二九・六m、福岡平野の東を取り巻く三郡山系の南の端にあり、古くから大宰府の鬼門除けの山として重要な役割を担っていました。三郡山系に連なりながらも、筑紫野市側から見る山容は堂々と、そして麗しい独立峰の姿をしています。花崗岩《かこうがん》の隆起や浸食による巨岩や奇岩に恵まれ、こうした景観から神々の集まる秀麗の山として知られてきました。江戸時代には宝満山修験の山として山伏の重要な行場となりました。

宝満山の自然

山の大部分は現在太宰府県立自然公園に

左：４合目付近にある大南窟／右：竈門神社からの登山道

指定されており、スダジイ林をはじめとする照葉樹林群落が残っています。近年は有志によるシャクナゲの植樹が行われており、年々華やかさを増しています。

　宝満山から流れ出る御笠《みかさ》川は、大宰府政庁跡や観世音寺のほとりを流れ、福岡平野を経て博多湾に注ぎます。筑紫野市側の宝満川はかつて蘆城《あしき》川と呼ばれ、やがて筑後川に合流して有明海に注ぎます。宝満山は博多湾と有明海の豊かな海の恵みを育む命の源でもありました。

山頂への道

　登山ルートは竈門《かまど》神社からの正面登山道の他にも、通称猫谷コースや堤谷コースなどいくつもあります。正面登山道の入口、竈門神社の一の鳥居をくぐり、百段ガンギの長い石段、そそり立つ巨岩と奥深い窟、五百羅漢をめぐる道など、体力や目的にあったルート選びができ、修験の歴史を感じられる登りごたえのある山です。

　山内の遺跡発掘調査も行われており、経筒《きょうづつ》や懸仏《かけほとけ》の部材などが出土したり、大きなお堂の跡が見つかったり、周辺のお堂にひっそりと古い仏像が祀られていたり、今も一大仏教の聖地だった面影があちらこちらに見られます。

シャクナゲ

山名の由来

　宝満山の名の由来にはいくつかの伝承が伝えられますが、「御笠山《みかさやま》」「竈門山《かまどやま》」「宝満山《ほうまんざん》」と名を変えていったようです。最も古い御笠山は、笠のような山容からつけられたのでしょう。御笠山の祭神は竈神で、山が雲霧にいつも覆われている様子が竈から沸き立つ煙に見えた、などの言い伝えもありま

左：山頂の竈門神社上宮での山伏の祈禱／右：文保２年の磨崖梵字

す。山の九合目付近には竈の脚のような竈門岩もあります。

奈良時代になり、大宰府の鬼門である東北を守るために竈門神社が創建され、御笠山から竈門山と呼ばれるようになったそうです。やがて竈門山に祀られた神「宝満大菩薩」から宝満山と呼ばれるようになり、山岳修験の重要な聖地となっていきました。

山岳寺院の歴史

登山口のひとつ、竈門神社の少し手前に大きなブロンズの最澄像があります。最澄は平安時代に唐に渡り、日本の天台宗を確立した高僧です。大陸に渡った高僧たちは、唐に向けて船出するにあたり、航海の安全を宝満山の神に祈ったと言われます。帰国後の最澄は国家安泰のために比叡山をはじめ、日本国内六カ所に宝塔の建立を計画します。その一つ安西宝塔は後に宝満山に建立されました。また、円仁や円珍といった天台宗の高僧も唐からの帰国後、宝満山の神に祈ったという記録が残っています。古代から国家祭祀を行う重要な聖地であったのです。

やがて平安時代の後期から鎌倉時代になると、福岡平野の周縁の山々にも多くの山岳寺院や山村寺院がつくられていきます。宝満山にも大山寺《だいせんじ》や有智山寺《うちやまでら》と称される寺院がつくられ、最盛期には三七〇もの坊をもつ大寺院となりました。十二世紀には比叡山の末寺となり、やがて宝満山は修験道と結びついていきます。豊前国の彦山（英彦山）が胎蔵界《たいぞうかい》とされたのに対し、宝満山は金剛界《こんごうかい》として修験道の聖地となります。山中にある文保二（一三一八）年の磨崖梵《まがいぼん》字《じ》などは本格的な修験の作法が導入された時のモニュメントであったという説もあります。いくつもの石窟や、山頂部の絶壁の岩場など、山内にはたくさんの修験の行場があります。

山城の歴史

最寄り駅・バス停： 西鉄太宰府線・大宰府駅⇨太宰府市コミュニティバス・内山バス停
参考タイム： 竈門神社〔40分〕一の鳥居〔50分〕百段ガンギ〔10分〕中宮跡〔25分〕山頂〔90分〕竈門神社

十四世紀頃には北部九州の守護職でもあった少弐《しょうに》氏が有智山城を築き、それ以降幾たびの戦火に巻き込まれる歴史をたどっていきます。十六世紀には豊後の大友氏によって城塞化され、宝満城と呼ばれるようになります。そして天正十四（一五八六）年の岩屋城の合戦と城主高橋紹運《じょううん》の戦死によって島津軍に降伏し、山内の多くの建物も焼失してしまいました。

その後の宝満山

その後、宝満山は豊臣秀吉や小早川隆景《たかかげ》によって復興されますが、彦山との争いなど長い混乱が続きました。山頂近くのキャンプセンターのある場所はかつて「楞伽《りょうが》院《いん》」と呼ばれ、この混乱の時期の修験道の長である座主《ざす》の館がありました。

近世の宝満山は金剛界の修験の山として再興され、明治元（一八六八）年の神仏分離令まで二十五坊が残っていました。

昭和五十七年には宝満山修験会が結成さ

左：太宰府天満宮本殿と飛梅（岩永豊氏撮影）／右：志賀社。室町時代の建造物で国指定重要文化財

学問の神様として有名な太宰府天満宮は、初詣で全国から200万人の参拝客が訪れます。大宰府に流された菅原道真の御霊を慰めるため、醍醐天皇の勅命により道真の墓所の上に社殿が造営されたと伝えられます。

五間社流造で檜皮葺きの屋根をもつ本殿は重要文化財に指定されています。本殿の前には、道真を慕って京から飛んできたという伝説をもつ飛梅があります。能の初番目物「老松」にも飛梅と菅原道真の話が盛り込まれています。

太宰府天満宮《だざいふてんまんぐう》

れ、山を下りてなお厚い信仰を秘め続けた山伏による入峰が復興されています。近年は「十六詣り」などの通過儀礼も復活し、山伏の先導のもと、十六歳の男女が着物を着て山を登る姿も見られます。

その名のとおり、美しく豊かな自然や、栄枯盛衰の歴史に満ち溢れた宝満山は、今、九州一ともいわれる多くの登山者で賑わっています。

数えで16歳の男女が宝満山に参詣する「十六詣り」の参加者たち。男性はお金に、女性は良縁に恵まれるといわれている

No. 15　標高900mにつくられた山城

頭巾山

とっきんさん／標高901m／糟屋郡宇美町

頭巾山は宇美町に位置し、標高九〇一m、宝満山―若杉山縦走路の最高峰、三郡山の西側にある山です。その名のとおり、突き出たような山頂は福岡平野から見ると頭巾《ずきん》のような形をしています。

山頂への道

山頂へは、昭和の森を起点に河原谷《ごうらだに》を通るルートと、筑紫野市の柚須原《ゆすばる》地区から三郡山を経由するルートが一般的です。

見事に氷結した難所ケ滝

河原谷からのルートは、やや急なところもありますが、歩きやすい道です。途中、難所《なんしょ》ケ《が》滝《たき》に向かう標識があります。難所ケ滝は厳冬期に氷結する滝で、運がよければすばらしい氷の滝の景観を味わえます。

ゆっくり歩いて八十分ほどで河原谷の分岐に出ます。ここからは九州自然歩道で、雑木の美しい尾根道です。途中、三郡山のレーダーが見えたりします。しばらく歩くと左手に標識があり、間もなく頭巾山山頂

左：三郡山山頂の航空路監視レーダー／右：頭巾山山頂

の標識が見えます。

山頂には中世の山城、頭巾山城があったと伝えられます。頭巾山城は宝満山城の端《は》城《じょう》ということが伝わっているだけで、詳しいことはよくわかっていません。山頂付近には堀切《ほりきり》と思われる溝や、狭いながらも平坦地が見えます。こんなに高いところに城が築かれていたことに驚きます。

少し足を延ばすと三郡山です。三郡山山頂には航空路監視レーダーがありますが、ここからの眺めは大変よく、福岡平野から玄界灘、周辺の山々が見渡せ、雄大な気分になります。

山麓の寺院跡、正楽遺跡

頭巾山の麓、昭和の森から少し登ったところに正楽《しょうらく》遺跡があります。室町時代、十五世紀頃の山寺の跡で、平成十五年に発掘調査が行われています。今も石段や礎石が残り、石垣なども見ることができます。

頭巾山の西側の尾根の中腹にあたり、近世の地誌類には、障子ケ岳村の遙か山中の「寺ノヲ」「テラヲ」に大きな廃寺があるという記載があり、その場所がここにあたるのではないかといわれています。発掘調査の結果、五間×七間のお堂の跡が確認され、当時使われていた器の破片や、石垣や石段、列石なども発見されました。地域の伝承で、「テラヲ」を「正楽寺」と呼んでいたこともわかり、発見された寺院跡が「正楽寺」にあたるのではないかと考えられています。

頭巾山（宇美町より）

周辺を見渡せば、北の谷部には、元寇の

最寄り駅・バス停：西鉄バス・障子ケ岳バス停
参考タイム：昭和の森〔80分〕河原谷分岐〔30分〕頭巾山〔10分〕三郡山〔70分〕正楽遺跡〔10分〕昭和の森

正楽遺跡。礎石や石垣などが残る

際に筥崎宮のご神体を遷したと伝えられる極楽寺、さらに北には若杉山佐谷の建正寺《けんしょうじ》など、由緒ある寺院が見られます。

　頭巾山をはじめ周辺の山々の麓の谷合にも、もしかしたら記録にも残らない、しかしその時代の人々のよりどころとなっていた静かな山寺がまだまだあったのかもしれません。

若杉山と米の山（篠栗町乙犬より）

No. 16　巨樹が聳えるほとけの山

若杉山

わかすぎやま／標高681m／糟屋郡篠栗町・須恵町

福岡平野の東、糟屋郡篠栗町と須恵町にまたがる若杉山は、標高六八一m、大宰府政庁を包むように弓なりに連なる三郡山地の東に位置しています。宇美町や須恵町側から見ると、美しい稜線をもつ独立峰のように見えます。晴れた日には尾根続きの米の山から滑空する色とりどりのハンググライダーが空に舞い、とてもカラフルです。篠栗新四国八十八カ所の霊場として今も信仰を集め、お遍路さんが行き交います。

山名の由来と開山伝承

若杉山の名については次のような伝説があります。神功皇后が朝鮮半島に出兵する際に、神木である杉の枝を折って鎧《よろい》にさし、諸神のご加護を祈りました。戦に勝利した神功皇后は、生色を失わなかった杉の枝を香椎宮に植えました。これが綾杉として茂り、その分け植えの故事によって「分杉山」、そして「若杉山」になったと伝えられます。

（左から）幹周り16.15m、樹高約40mの「大和の大杉」（篠栗町教育委員会提供）／太祖神社上宮／上宮の横にある神功皇后像

山頂の太祖《たいそ》神社は神功皇后ゆかりの神社で、神社の隣りに神功皇后の像が祀られています。神功皇后の伝説は若杉山周辺に大変多く残っており、若杉山山頂の絶景からも、この地が海を臨んだ重要な地域であったことがわかります。

やがて養老年間（七一七－二四）、奈良時代頃にインドの僧侶善無畏三蔵《ぜんむいさんぞう》が若杉山に来山し、真言の秘法を修行しました。そして聖武天皇の頃、延年寺太祖山三蔵院という宮寺が建てられ、篠栗町側の右谷には石泉寺《せきせんじ》が、須恵町側の佐谷には建正寺《けんしょうじ》が創建されたと伝えられます。中世にかけてこれらの二つの寺院を中心に、若杉山は三百もの坊をもつ山岳寺院として栄えました。今に残る杉の巨木は、山伏たちが修行のひとつとして植えていったともいわれ、この山が長い歴史をもつ修験の山であったことを物語っています。

若杉山佐谷の歴史遺産

若杉山登山道のひとつ、佐谷からの道の入り口には建正寺が現存しています。付近には釈迦堂や百堂などの地名が残り、ご本尊の十一面観音像は年に一度、四月にご開帳が行われ、地域ぐるみのご接待や奉納相撲で大変賑わいます。十一面観音像は平安時代の作で、端正な顔立ちのとても美しい仏像です。このお像は大日如来像とともに伝教大師最澄がつくったとも伝えられます。

境内には正中二（一三二五）年銘の石碑があります。これには大日如来、釈迦如来、阿弥陀如来を示す種字《しゅじ》と呼ばれるインドの文字が刻まれ、その下には筥崎宮で始めた法華経一万部の読経を、太祖神社で数千部終え、有智山《うちやま》寺末寺である佐谷山建正寺ですべて終えたということが彫られています。この石碑は鎌倉時代にこの山が大変栄えていたことや、筥崎宮と関わりが深いこと、そしてこの山が宝満山にあった有智山寺の

旧若杉観音堂の木造千手観音立像
（若杉霊峰会蔵、九州歴史資料館提供）

建正寺の木造十一面観音立像
（須恵町蔵、福岡市博物館提供）

上：建正寺
下：若杉ケ鼻からの眺望

末寺であったことなどがわかる、とても貴重な資料です。また、建正寺の背後の丘陵にはお経を埋めた経塚《きょうづか》がたくさん発見されており、中国人名を刻んだ経筒《きょうづつ》も出土しています。

若杉山右谷の歴史遺産

麓の太祖神社下宮付近の若杉肥前谷遺跡では平安時代後期から鎌倉時代の陶磁器などが発見されています。谷を登ると石井坊跡や、若杉楽園キャンプ場付近に残る古堂跡などがあります。また古い信仰の証《あかし》の代表として、山頂付近の若杉観音堂に近年まで祀られていた千手観音像があります。今は九州歴史資料館にある千手観音立像は県内でも最も古い仏像の一つで、一二〇〇年以上前につくられたともいわれています。このお像はもともと石井坊跡の谷をはさんだ向かいにあった観音堂に納められていたもので、古い台座には「石泉寺」と書かれており、右谷の遺品として大変重要です。

（左から）山頂付近の杉の大木の穴の中に小さな仏像が納められていた／はさみ岩／太祖神楽（篠栗町教育委員会提供）

山頂の太祖神社には中国と深い関わりをもつ宋風獅子や石造花文台など、十三世紀頃の大陸伝来の遺物もありました。

中世には佐谷と右谷が争いとなり一坊も残らず焼けて廃絶したと伝えられます。十三世紀、若杉山から尾根続きの岳城山《たけじょうさん》に河津筑後守貞重《さだしげ》によって築造されたとされる高鳥居《たかとりい》城も、戦国時代の終わりの攻防によって焼け落ち、今はその痕跡をわずかにとどめるにすぎません。

江戸時代になると、黒田長政が、廃寺となっていた石泉寺を宝満山の亀石坊宥弁《ゆうべん》に再興させたといわれています。その中心となったのが、現存する石井坊です。石井坊には現在九州歴史資料館に展示されている平安時代の不動明王像などの古仏が伝えられており、自然石を利用して江戸時代につくられたと伝えられる庭園も残るなど、若杉山の歴史を色濃く残しています。

山頂への道

若杉山山頂への道はいくつもありますが、太祖神社下宮からの道が一般的です。太祖神社下宮では県指定文化財の太祖神楽が春と秋に奉納されます。

山頂へは岳城山を経由したり、米の山まで足を延ばしたり、杉の巨木をめぐったり

米の山からの眺望

▲若杉山山頂

最寄り駅・バス停：JR 篠栗線（福北ゆたか線）・篠栗駅
参考タイム：太祖神社下宮〔40分〕若杉楽園〔15分〕大和の森・綾杉〔30分〕太祖神社上宮〔3分〕はさみ岩〔10分〕若杉山〔5分〕若杉ケ鼻〔25分〕米ノ山〔20分〕若杉楽園〔30分〕太祖神社下宮

といくつものコースがあります。宝満山から三郡山、砥石山、若杉山などの峰々を歩く縦走路は、多くの登山者やトレイルランのコースとしても人気があります。途中には博多湾まで見渡せる絶景ポイントもあります。

太祖神社上宮からやや下ったところには篠栗新四国八十八カ所の奥の院もあります。奥の院へ向かう途中のはさみ岩は、善無畏三蔵が念力で押し広げたとも伝えられ、悪人はここを通れないそうです。山伏がつりさげられて修行したとも伝えられる絶景の若杉ケ鼻からは砥石山や三郡山が一望できます。

山中を歩き、ひっそりとある古仏や大きな杉の木に向き合う時、千年以上もつながれてきた人々の信仰を想います。それだけでなく峰々でつながっていたり、大陸と縁の深いこの山の歴史を見ると、山々とそれを信仰する人々が連なって、歴史をつくっているということを改めて感じます。

No. 17　九州一の大要塞

立花山

たちばなやま／標高367.1m／福岡市東区・糟屋郡新宮町・久山町

樟の原始林を歩く

立花城で知られる立花山は、標高三六七・一m、福岡市、新宮町、久山町にまたがる筑前名山のひとつです。博多湾に突き出た山容は、海から見ると特に目立ち、その端正な姿は古代から陸上・海上交通の目印となっていたことがわかります。

古くは二神山《ふたかみやま》と呼ばれ、井楼山《せいろうやま》（現在の立花山主峰）、松尾岳、白岳《しろたけ》、大一足《だいいっそく》、小《しょう》一足《いっそく》、大《おお》つぶら、小《こ》つぶらの七つの峰からなり、総称して立花山塊ともいいます。

山頂への道

登山道は多くありますが、福岡市側の下《しも》原《ばる》登山道、新宮町側の立花口登山道などがよく整備されています。三日月山霊園から三日月山を経て、樟の原始林を通り立花山

左：幹周り7.85m、樹高約30mの「立花山大クス」／右：海上から立花山を望む

山頂に登るルートも歩きやすい道でおすすめです。

立花山クスノキ原始林

山は常緑広葉樹で覆われ、特に東側の久山町域を中心に数千本といわれる樟が群生しています。自生地の北限となることから「立花山クスノキ原始林」として昭和三年に国指定天然記念物に、昭和三十年に特別天然記念物に指定されています。森に一歩足を踏み入れると、樟やカシ、シイが織りなす美しい照葉樹林が広がります。いたるところに巨木を見ることができ、エネルギッシュで、どっしりとした樟の姿に圧倒されます。通称「七股楠」など直径三mを超える樟が有名ですが、知られざる巨木もまだあるようです。この周辺は江戸時代に「御留山《おとめやま》」として木の伐採が禁じられており、木々が保護されてきたといわれています。

山名の由来

山の名の由来には、伝教大師最澄が唐から持ち帰った樒《しきみ》（モクレン科）の杖を山中の岩に立てかけたところ、その杖から枝葉が生い茂り、花が咲いたため立花山と呼ぶようになった、などの伝承があります。

唐に渡った最澄は、この地を最初の布教地に選び、麓の独鈷寺《とっこじ》を創建したともいわれています。独鈷寺には最澄が持ち帰ったといわれる鏡や独鈷が伝えられており、境内には「独鈷水」や、最澄が座禅をしたと伝えられる「座禅石」などがあります。

立花城の歴史

立花山に城がつくられたのは元徳二（一三三〇）年のことです。豊後の大友氏が、筑前の拠点として立花山に城をつくりました。初代城主貞載《さだとし》は立花姓を名乗り、立花城は大友氏の筑前支配の拠点となりました。

天文二十（一五五一）年、中国の雄とい

左：山中に残る立花城の石垣／右：最澄の創建と伝えられる独鈷寺

われた大内氏が家中のクーデターで失脚すると、豊後の大友氏が、大内氏の支配下であった北九州へ勢力を伸ばしてきました。大内氏の遺臣毛利元就《もとなり》は、筑前国内の秋月氏や原田氏らとひそかに手を組み、北九州を回復しようと謀《はか》ります。宝満山の城主高橋鑑種《あきたね》と立花城七代城主立花鑑載《あきとし》も大友氏の一族でしたが、永禄十一（一五六八）年、毛利の後押しで大友氏に反旗を翻します。大友軍の主将は戸次鑑連《べつきあきつら》。三カ月に及ぶ戦いの後、立花城は落城し、立花鑑載は古賀市青柳付近で自害します。その後も立花城をめぐる大友軍と毛利軍の攻防は続き、翌年三月には毛利軍が立花城に入城しますが、十一月、再び大友軍が城を取り戻します。この年の戦いでは鉄砲が使われたと伝えられ、壮絶な戦いが繰り広げられました。

元亀二（一五七一）年、大友軍の主将であった戸次鑑連が立花城主となります。後に立花道雪《どうせつ》と名乗り、岩屋城主高橋紹運《じょううん》の長男統虎《むねとら》を養子とします。天正十四（一五八六）年、立花城は島津軍に包囲されますが、豊臣軍が豊前に到着したことを聞き島津軍は撤退します。すぐに統虎は島津方の高鳥居《たかとりい》城（糟屋郡）を攻め、こうした功績によって秀吉が行った九州国割りでは、柳川を与えられます。関ケ原の合戦後は一時流浪の身となりますが、その器量から晩年は柳川藩主として九州へ戻り、立花宗茂《むねしげ》と名乗ります。

立花城には天正十五年に名将小早川隆景《たかかげ》が入りますが、すぐに名島城の建設が始まり、天正十八年には隆景は名島城へ移ります。その後は家臣の浦宗勝《むねかつ》が立花城主となり、慶長六（一六〇一）年の黒田長政による福岡城の築城によって、立花城は廃城となりました。

このように立花城は、博多湾に近く、貿易都市博多に隣接する重要な拠点になりうるためか、二七〇年もの長い歴史のなかで、幾度となく戦乱に巻き込まれた山城でした。

山城には天守閣のような大きな建物はつ

▲三日月山に残る石列

最寄り駅・バス停：西鉄バス・下原バス停、平山バス停他
参考タイム：三日月山霊園〔30分〕三日月山〔20分〕クスノキ原始林〔40分〕古井戸〔10分〕立花山〔20分〕松尾山〔20分〕立花山〔50分〕三日月山霊園

くられませんでしたが、現在の立花山山頂付近は、井楼山と呼ばれ本城が置かれました。松尾山、白岳には出城が置かれ、大一足、小一足、大つぶら、小つぶらには砦が設けられました。七つの峰々の地形を活かした大要塞ともいえる構造をしており、その規模は九州一ともいわれています。

幾たびの壮絶な戦いが嘘のように、今は静かな美しい山ですが、立花山山頂直下に残る古井戸、松尾山へ向かう途中の端正な石垣、各所に残る土塁《どるい》や平坦地、麓の梅岳《ばいがく》寺《じ》の立花道雪の墓所など、その歴史の痕跡はしっかりと地面に刻まれて、今に伝えられています。

山頂直下にある古井戸

春の猪野川と遠見岳

No. 18　神功皇后伝説の山

遠見岳

とおみだけ／標高322.9m／糟屋郡久山町

遠見岳は糟屋郡久山町猪野に位置する標高三二二・九ｍの山です。「九州のお伊勢さん」として親しまれる天照皇大神宮《てんしょうこうたいじんぐう》（伊野皇大神宮）からの登山道が一般的です。天照皇大神宮は神路山《かみじやま》の麓にあり、神路山の峰続きの山を遠見岳と呼んでいます。神路山の一帯にはスダジイやタブノキを主体とした照葉樹林帯が広がり、古来からの照葉樹の山の姿を今にとどめ、県の「猪野自然環境保全地域」に指定されています。参道を行くと正面に連なる山がエネルギッシュに迫ってきます。少し左手の新幹線のトンネルのある山の頂に東屋《あずまや》が小さく見え、そこが遠見岳の山頂になります。

山頂への道

猪野の集落の入り口に立つ白い大きな鳥居をくぐり、天照皇大神宮の境内に入ります。石段を登ると、杉木立に囲まれた社殿が見えてきます。ひんやりとした空気や、滝の音がよりいっそうの静寂さを醸し出し、

左：猪野ダムの周遊路／右：遠見岳山頂

なんともいえぬ清らかさを感じます。お参りをすませ、拝殿の横の石段を登り進んでいきます。遠見岳は高い山ではありませんが急峻です。杉や照葉樹の森の急な斜面を二十分ほど登るとゆるやかな尾根道となり、そこから十五分ほどで右へ少し行くと神路山の山頂で、再び戻って一気に視界が開けると、遠見岳の頂上に到着します。

　遠見岳の名前の由来は、『日本書紀』に記された「神功皇后三韓出兵のみぎり高岳によりて異国を望みたまいしところ……」の一文にある高岳がこの遠見岳であるという伝承からきています。神功皇后が三韓出兵の際に山頂から大陸を望んだという伝承です。なるほど山頂に立つと、手の届きそうなところに立花山が見え、福岡平野や博多湾が一望でき、海に浮かぶ島々の遙か彼方に異国の地が見えそうな素晴らしい景色です。

　山頂からの眺望を満喫した後は、北側に下り、林道を通り猪野ダムを周遊して天照皇大神宮に戻るルートがおすすめです。あまり知られていませんが、春は桜、秋は紅葉がとても美しい、一時間ほどの散策コースです。

山頂から福岡市内を望む

伊野皇大神宮

猪野地区の中心ともいえる天照皇大神宮

左：天照皇大神宮／右：神殿の奥にある古神殿跡地。式年遷宮で建て替えられた神殿の跡地

は、伊野皇大神宮の名で親しまれています。祭神は天照大神《あまてらすおおみかみ》、手力雄神《たぢからおのかみ》、萬幡千々《よろずはたちぢ》姫命《ひめのみこと》です。起源には諸説あり、神功皇后が天照大神にご神託を請われたとか、室町時代に都にいた豊丹生佐渡守《ぶにゅうさどのかみ》の子兵庫大夫《ひょうごたいふ》が夢のお告げでこの地にお宮を建てたという伝承が残っています。戦国時代より小早川隆景《たかかげ》をはじめ、名だたる武将たちに篤く信仰された神社であったようです。首羅山北側の桜山の麓にあった時期もあり、その場所は現在も「古宮」として地域の方々の信仰が続いています。

江戸時代に福岡藩の庇護を受け、三代藩主黒田光之の時に現在の場所に移されました。境内には伊勢神宮を模した神殿や鳥居がつくられ、お宮の前を流れる猪野川も、伊勢にならって「五十《い》鈴《すず》川」と呼ばれました。六代藩主継高《つぐたか》の時には、二十年ごとの式年遷宮も行うようになりました。お伊勢参りが流行った江戸時代には、伊勢まで行けないたくさんの人々が、天照皇大神宮にお参りに来ていたそうです。

今に息づく祈りの文化

猪野地区は、今も蛍の名所として知られ、参道の水路には鯉が優雅に泳ぐ風光明媚な地です。江戸時代には「後ろに青山高くそひえ、前には緑水清く流る、清々涼々としてよく伊勢の神路山に似たり、人の心意を済ましめ、塵外にでるの神境なり」（『筑前名所図会』）と、この地が世俗を離れた清らかな地であったことが紹介されています。

天照皇大神宮のすぐそばには旧水取宮《みずとりぐう》があります。水取宮は、神功皇后が三韓出兵の際に、皇后を守護した水を掌る神々を祀るために創建したと伝えられています。大銀杏や黒田継高公お手植えの藤といわれる大藤があり、久山町の文化財に指定されています。

遠見岳をはじめとして、猪野の周辺には神功皇后伝説が多く残っているようです。

最寄り駅・バス停：西鉄バス・猪野バス停
参考タイム：猪野バス停〔10分〕旧水取宮〔３分〕天照皇大神宮〔40分〕神路山〔５分〕遠見岳〔30分〕猪野ダム〔90分〕天照皇大神宮〔10分〕猪野バス停

旧水取宮の銀杏

隣接する山田地区にある斎宮《いつきのみや》は『日本書紀』にも書かれた古いお宮です。斎宮は、神功皇后が、香椎で亡くなった夫仲哀天皇に代わり自ら神主となり建てたとされます。また、その近くにある審神者《さにわ》神社も、神功皇后が祈願の際に中臣烏賊津使主《なかとみのいかつのおみ》を審神者（神の信託を受け、人々に伝える者）として呼んだという『日本書紀』の記述に由来する神社です。

遠見岳は、その眺望とともに、麓の町並みや掃き清められた小さな祠《ほこら》やお堂など、美しい自然のなかで静かに息づく古代以来の祈りの文化に触れる、ちょっとした時間旅行を楽しめる山です。

池上池から首羅山を望む

No. 19　甦る幻の山林寺院

首羅山（白山）

しゅらさん（はくさん）／標高288.9m／糟屋郡久山町

福岡平野の周縁には、西には脊振山系、東には三郡山系があり、これら二つの山系が自然の要塞のように福岡平野を取り巻いています。二つの山系の切れ間の、最も奥深くに位置するのが古都大宰府です。そして大宰府を守護した竈門山（宝満山）から連なる三郡山系の東の端、犬鳴山の麓に「白山」があります。中世には「首羅山」と呼ばれ、三六〇もの坊をもつ山林寺院でした。

首羅山は、標高わずか二八八・九m、里山ともいえるさして目立たない低山です。しかし、三郡変成岩の山々は、江戸時代の山伏たちにとっても厳しかったという記録が残るほど険阻《けんそ》です。首羅山も中腹あたりから山頂にかけての傾斜はきつく、切り立った様相をしています。

山の北側には蛍で有名な猪野川が麗《うら》らかに流れ、かつて「九州のお伊勢さん」として賑わった天照皇大神宮が鎮座しています。天照皇大神宮の後ろにそびえる神路山、遠

左：白山神社の獅子舞。毎年大晦日から元旦にかけて奉納される／右：首羅山頭光寺

見岳は、神功皇后の三韓出兵の伝説が残り、博多湾から福岡平野、そして周辺の霊山をぐるりと見渡すことができ、大変眺望がよいのです。今は鬱蒼としている首羅山山頂からの眺めも、かつては同じようだったのでしょう。

首羅山の名の由来

江戸時代に書かれた『首羅山由来』によると、首羅山は天平年間（七二九－四九）に僧源通《げんつう》が開山したとされます。伝承によると、白山権現が百済から虎に乗り海を越えてこの山に来ましたが、乗り捨てられた虎の猛威を怖れた村人たちが、この虎の首を切って殺してしまいました。すると、その虎の首が光ったのです。そこで虎の頭を薄絹である「羅《ら》」で包んで埋め、十一面観音を祀りました。このような話から、首羅山頭光寺《とうこうじ》と呼ぶようになったというものです。今も麓の集落に首羅山頭光寺が現存し、本尊の御汗《みあせ》如来像は三十三年に一度御開帳される秘仏です。古くから山頂にあった白山神社も麓に移され、年越しの獅子舞などが行われています。

本谷地区の発掘調査状況

山頂への道

現在調査中の首羅山は普段立ち入ることはできませんが、公開日には麓の白山神社から登ります。杉の木立を抜けて、中世墓地である墓《はか》ノ尾《お》や石鍋製作跡、発掘調査中

左：西谷地区の池状遺構／右：墓ノ尾

の西谷地区から本谷地区の五間堂跡へ向かいます。

中心のお堂があったと思われる本谷地区中腹の伽藍《がらん》配置は南北に軸線をとり、その正面は観世音寺を向いています。大きなお堂があった基壇に立つと、正面に九千部山、さらに脊振山や若杉山など周辺の霊山が見えます。そして幾重にも重なる山々は、季節ごと、時間ごとにその表情を移ろわせ、その時々に美しい様相を見せてくれます。

本谷地区から山頂までは聖域で、建物跡などは見られません。急峻な道を十分ほど登ると山頂です。

発掘調査によって、現状の地形は鎌倉時代の人為的な造成、つまり大工事によるものであることがわかり、この山に多くの知恵と労力と経済力が投入されたことがわかってきました。その背景には、いったい何があったのでしょうか。

平安時代後期から鎌倉時代の様子

かつて、平安時代後期から鎌倉時代には、福岡平野は東シナ海を取り巻く交易圏にあり、日本最大の国際貿易都市博多を中心に、大陸の華やかな文化に彩られた時代がありました。首羅山の聖域であったであろう山頂部では大陸との深い関わりを示す遺物が発見されています。平安時代の終わりには、中国人名が書かれた経筒《きょうづつ》が江南産の美しい四耳壺《しじこ》に入れられて埋納され、鎌倉時代

首羅山遺跡の出土遺物（久山町教育委員会蔵）

首羅山山頂。薩摩塔（右写真）や宋風獅子、小祠などが残っていた

には薩摩塔や宋風獅子が安置されていました。薩摩塔、宋風獅子とは九州の西側半分に偏在する中国大陸ゆかりの珍しい石造物です。また、中国大陸に渡った禅僧悟空《ごくう》敬《きょう》念《ねん》は終《つい》の棲家《すみか》として首羅山に入山します。

こうした遺物や記録から、当時の大陸の文化がこの山に持ち込まれ、大陸と縁の深い人々で賑わっていたことが想定されます。そして、中世後半の廃絶から後は土地の改変が行われることなく、貿易で栄えたこの地の中世の状況をそのまま残し、枯葉に埋もれてしまった重要な遺跡であることが判明し、平成二十五年に国史跡となりました。

首羅山は福岡平野の周縁、つまり東シナ海を取り巻く世界に位置し、日宋貿易で富を得た博多綱首と呼ばれる中国人商人が深く関わったと考えられる山林寺院でした。中国人商人は寺社と結びつき、日本のなかで大きな力と富を蓄えていくのですが、そうした動きをよく思わない日本の寺社もあり、たびたび迫害を受けていたようです。そのような大陸の人々の心の拠り所として、その山頂から故郷に思いを馳せ、風景をめでることができたのが、首羅山のような眺望のいい里山であったのではないかと思ったりするのです。

調査の結果、無名の山の歴史が明らかになってきたのですが、調査はこの山の歴史を知りたいという地域の人々の要望によって始まりました。地域の伝承や人々の想いが、荒山だった首羅山の歴史をよみがえらせ、国史跡を生み、新たな歴史をつくりつ

山頂付近で見つかった中世の石段

つあります。

（注）首羅山は将来の整備・公開を目指していますが、現在は山域が個人所有地であるため公開は年に1回のみです。公開日は久山町のホームページでご確認ください（http://www.town.hisayama.fukuoka.jp/）。

▲首羅山遺跡見学会
（集合場所の白山神社）

最寄り駅・バス停：JR 九州バス・上久原バス停、山の神バス停
参考タイム：上久原バス停〔5分〕首羅山頭光寺〔10分〕白山神社〔5分〕首羅観音堂〔5分〕山の神バス停

首羅山（手前）と福岡平野（久山町教育委員会提供）

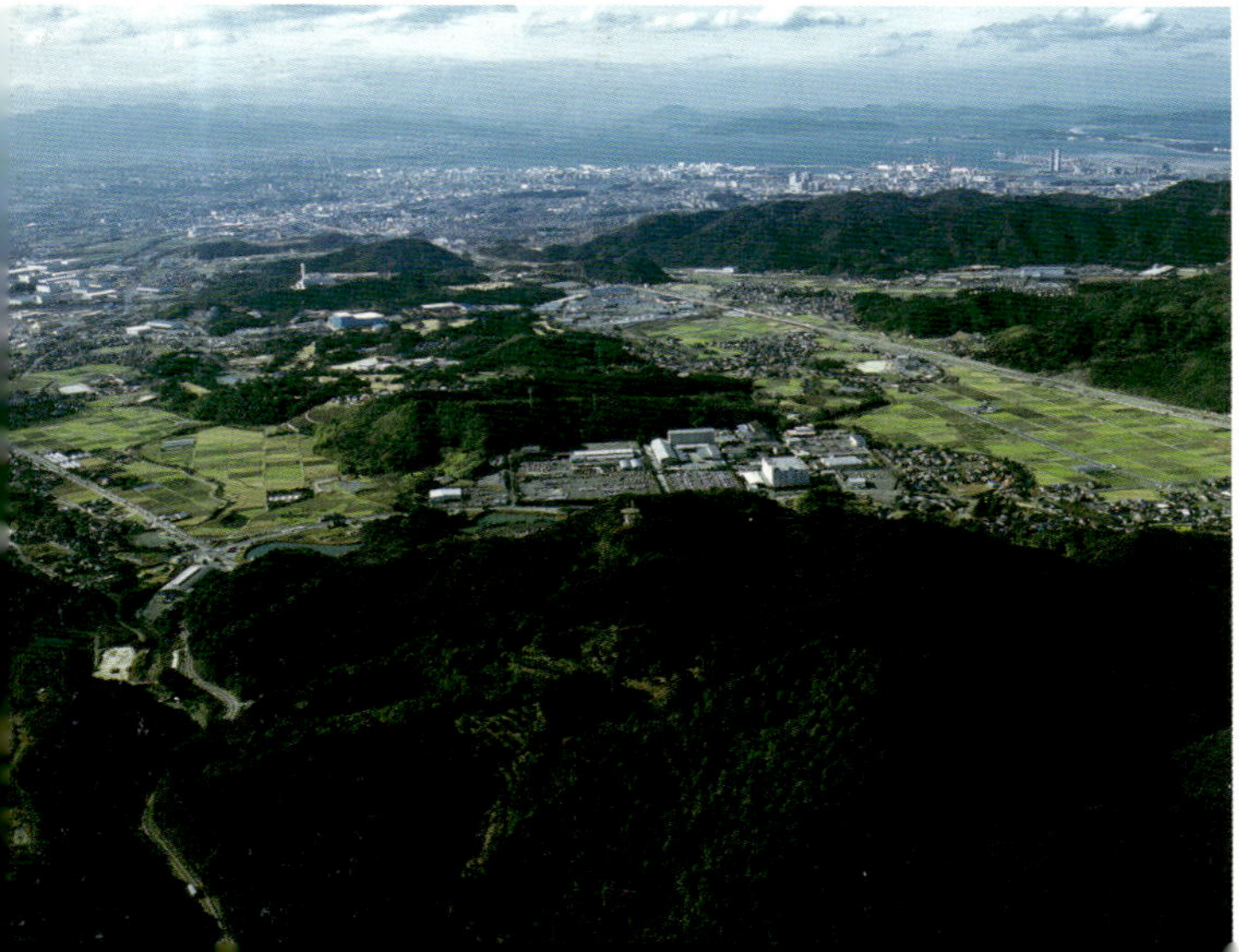

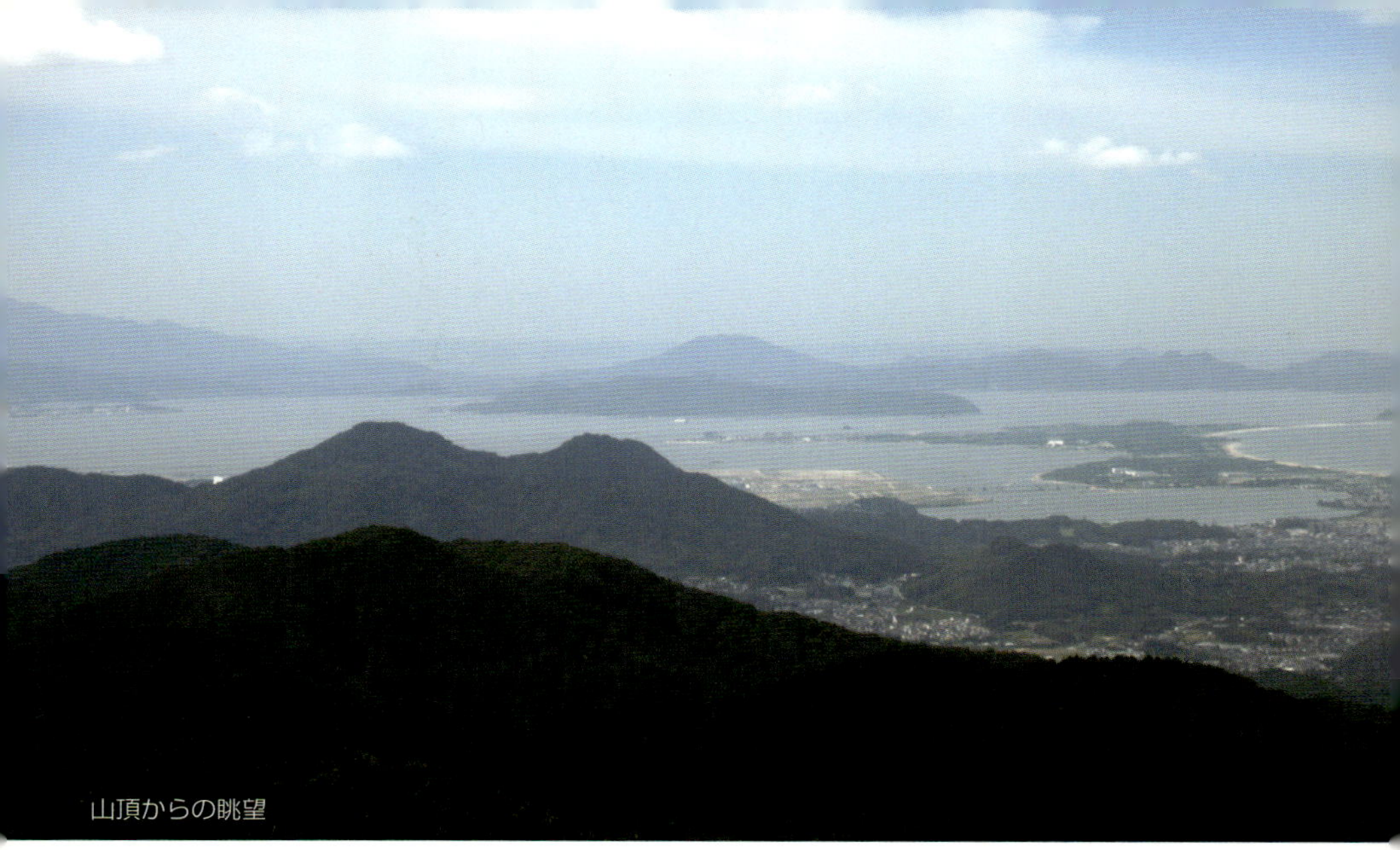
山頂からの眺望

No. 20 ｜ 薬王寺温泉と行基ゆかりの寺

西山

にしやま／標高644.6m／古賀市・宮若市

山頂付近の登山道

西山は宮若市と古賀市にまたがる標高六四四・六ｍの山です。犬鳴山から屏風のように続く山並みは犬鳴浸食面ともいわれ、西山はその北側に位置します。西山の山頂までは、自衛隊の訓練道があり、山頂も訓練地になっています。鮎坂山《あゆさかやま》ともいわれる西山の名前の由来はよくわかりませんが、宮若市側から見ると西側にありますので、そうした位置から西山と名がついたのかもしれません。

山頂への道

古賀市薦野《こもの》の清瀧寺《せいりゅうじ》を過ぎたところに砂防ダムがあり、車を停められるくらいのスペースがあります。そこから登り始めます。

左：薬王寺廃寺の礎石／右：薬王寺廃寺の鬼瓦（古賀市歴史資料館蔵）

谷筋の道は急峻で荒れており、ガレ場のように石が多く、やや歩きにくいですが、気をつけて登れば大丈夫です。時には鹿の角が落ちていたりします。途中、鷹野峠で犬鳴山からの縦走路と合流し、登りつめると山頂です。山頂からは福岡平野や海の中道、玄界灘が一望でき、すばらしい眺めを堪能することができます。立花山も手にとるような近さです。戦国時代の宗像大宮司家二十四支城のひとつとも伝えられる熊ケ城のある犬鳴山へ縦走もできますが、荒れた箇所もあり、なかなか歩きごたえがあるルートのようです。

発見された薬王寺廃寺

西山の麓にある薬王寺温泉の近くで、薬王寺廃寺が発見されました。名前の由来には次のような伝承があります。ある時、この山里に二人の子ども、鬼王、京王を連れた一人の侍が住み着きました。しばらくすると父親の侍が病に伏せ、子どもたちは父が京から背負ってきた薬師如来に一心不乱に祈ったそうです。そうしたところ父親は元気になりました。また、子どもが、一羽の鷹が泉につかって羽を休めていると元気になって飛び立ったのを目にし、それを聞いた父親は出家してこの地に寺を建立し、薬の里として「薬王寺」と呼ぶようになったということです。

鷹野峠に立つ道標

平成三―七年にかけて古賀町教育委員会（現古賀市教育委員会）が薬王寺廃寺の発掘調査を実施しました。調査の結果、山の中腹の平坦地に四間×五間の本堂の跡と思われる基壇部や礎石を発見し、周辺からは瓦や土器なども見つかりました。瓦には鴻臚館《こうろかん》の系統を引くものもあり、約千年前、十世紀から十一世紀頃を最盛期とする寺院があったことがわかりました。

山麓の寺院。左：清水寺の観音堂／中・右：清瀧寺の山門と薬師堂

現在は埋め戻され、藪《やぶ》になっていますが、雑草の中の寺院の礎石などからその歴史を感じることができます。

山麓の寺院

古賀市側からの登り口にある清瀧寺は、正式には「瑠璃光山《るりこうざん》清瀧寺」といいます。かつては背後の不動山全体が寺域であったといわれます。聖武天皇の頃、行基《ぎょうき》によって開山されたと伝えられます。古来より、この山には七つの瀧があったといわれています。智者滝、継身滝、子請滝、小児滝、猿面滝、岩滝、無垢滝の七つの瀧にちなんで「清瀧寺」と名づけられと伝えられます。現在の本尊は阿弥陀如来ですが、かつては薬師如来を祀っていました。今も本堂からやや登ったところに薬師堂があります。薬師如来は秘仏とされ、十七年ごとに御開帳となります。薬師堂への登り口には石の鳥居があり、扁額には梵字《ぼんじ》（薬師如来）が刻まれています。かつての神仏習合のなごりでしょう。

薬師堂の横には十七坊記念碑があります。『筑前国続風土記拾遺』によると、かつて宮司坊、辻坊、中坊、奥坊、石辻坊、山坊、本坊などがあったとされます。

西山の東側の中腹には清水寺があります。標高およそ三〇〇m、集落の入り口から山門までまっすぐに参道がのび、昔ながらの山寺の風情が残ります。寺からの眺望が大変よく、天気の良い日には北九州まで見渡すことができます。伝説では、天平年間（七二九－四九）に聖武天皇の勅願所として行基が建立したといいます。

境内や周辺には、宝篋印塔《ほうきょういんとう》や板碑《いたび》など中世にさかのぼる石塔があります。また、秘仏の千手観音を安置した観音堂や通夜堂など、長い信仰の証《あかし》を示すようなお堂が残り、タイムスリップしたような感覚を覚えます。室町時代から戦国時代には大内氏や宗像大宮司家の庇護を受けて栄えていましたが、天正九（一五八一）年の小金原合

最寄り駅・バス停：西鉄バス・薦野バス停
参考タイム：清瀧寺先の砂防ダム〔70分〕薦野峠〔20分〕山頂〔60分〕砂防ダム

平山寺跡に残る宝篋印塔

戦の兵火で全山焼亡してしまいました。その後、江戸時代中期に復興し、一時は京都・仁和寺《にんなじ》の末寺となりました。

清水寺のひとつ北側の谷には薬師如来を祀る平山寺跡や、十五－十六世紀の山城である黒丸丸尾城《くろまるまるおじょう》遺跡などもあります。山の西の麓にも薦野城や米多比《ねたび》城などの中世山城があったそうです。

また、唐津街道沿いの青柳宿の近くには立花道雪《どうせつ》の菩提寺であった医王寺《いおうじ》などもあります。

西山の麓には、谷ごとにつくられた山寺が、かつての風情そのままに残っており、少し前までは山伏の末裔の方が薬草などを集めていたという話もあります。ノスタルジックな西山の麓を風に吹かれて歩くだけでも、疲れた心や体を癒してくれそうです。

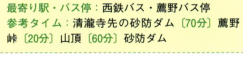

山頂より宗像四塚連山を望む

No. 21　宗像氏の出城と熊野神社

許斐山

このみやま／標高271m／宗像市・福津市

宗像市と福津市の境に位置する許斐山は標高二七一m、低山ながら独立した山容は稜線が美しく、存在感のある山です。ハイキングコースとして賑わうこの山も、かつては聖なる山として、そして山城としての歴史を秘めています。

山頂への道

許斐山への登山道は四カ所ほどありますが、宗像市王丸交差点付近の登り口にはこのみ公園があり、駐車場やトイレも整備されています。登山道を歩き出すとすぐに六の宮があります。中腹の熊野神社付近には、嘉平杉といわれる大杉や三尊石といわれる今にも落ちてきそうな大岩などがあります。山頂まで約四十分、少し急なところもありますが、歩きやすい登山道です。山頂の若一王子社《にゃくいちおうじしゃ》の小さな祠《ほこら》付近からは宗像四ツ塚連山（湯川山・孔大寺山《こだいしやま》・金山・城山《じょうやま》）や宗像市の町並みがよく見えます。かつては四方をぐるりと見渡すことができ、

（左から）今にも落ちてきそうな三尊石／嘉平杉／登山口付近の六の宮

山城をつくるにも、とてもいい立地条件だったのでしょう。

山頂まで標識や説明版もよく整備されており、地域の人々に愛されていることがよくわかります。

宗像氏の出城、許斐山城

山内の説明版によると、かつてこの山は「鶴羽山」と呼ばれていました。大治五（一一三〇）年、宗像大宮司第十五代氏平《うじひら》が姓を「許斐《このみ》」と改め、この山に城を築いたそうです。山城は「許斐山城」とも「許斐岳城」とも呼ばれます。その後、第十六代氏宗がこの城を補修し、正式に宗像本家の出城とし、その子氏元が許斐家の始祖とされています。明応八（一四九九）年、蔦《つた》ケ岳《がたけ》（城山）城城主との戦いに敗れた第二十五代氏能は、田島の岩ケ崎城にて戦死し、許斐山城は落城しました。その後、享禄二（一五二九）年、宗像氏家臣であった占部越前守豊安がこの城を再興しましたが、天正十五（一五八七）年、宗像氏嫡流の大宮司家が断絶すると許斐山城も廃城になりました。

この他、第三十四代氏長が築城したという説もあります。

山頂付近一帯には馬の調教をした馬場の跡や、堀、土塁《どるい》などの防御施設の痕跡が残り、中世城郭「許斐山城」の痕跡を今も見ることができます。

江戸時代に書かれた『筑前国続風土記』には、「此山上に人のみさる池あり。大岩有て登る事ならず」という記載があり、山頂付近に人には見えない不思議な池があったようです。現在山頂の南側には金魚池がありますが、これは許斐山城の用水池であったと考えられています。

信仰の歴史

中世山城として知られる許斐山ですが、信仰の山としても古い歴史があります。天安元（八五七）年、紀伊の熊野本宮から宗

左：熊野神社の鳥居／右：金魚池。許斐山城の用水池として使われたという

像大社の守護社として勧進され、許斐権現社（金魚山熊野神社）がつくられたと伝えられます。熊野神社は山の中腹にあります。伊弉冉尊《いざなみのみこと》、宗像三女神、織幡《おりはた》大明神、泉《よも》津《つ》事解男命《ことさかのおのみこと》、泉津速玉命《よもつはやたまのみこと》が祀られ、大祭は五月と八月に行われ、許斐流の神楽が奉納されていたそうです。かつては江口浜五月宮まで神輿《みこし》を奉納し、賑わったようです。小早川隆景《たかかげ》も熊野神社を深く信仰し、水田百町、神楽面などを奉納したとされます。

山頂の若一王子社は、素戔嗚命《すさのおのみこと》を祭神とし、熊野神社の奥の宮です。石の祠は明治十八（一八八五）年に建立されました。祠の前にはかつて鐘楼《しょうろう》があったとされ、午前・午後の刻《とき》を知らせていたといいます。

熊野神社の宋風獅子

熊野神社には珍しい石造物の破片が安置されていました。※毬《まり》や台座の一部だけですが、この破片はもともと石造りの獅子像で、宋風獅子といわれるものです。

熊野神社

宋風獅子とは、十三世紀を中心に中国の宋から日本に運ばれた獅子像のことをいいます。神社にある狛犬に似ていますが、鋭い爪などが表現されており、「犬」ではなく「獅子（ライオン）」です。国内で十数例が確認されていますが、山口県や岡山県でのいくつかを除き、北部九州にまとまって発見されています。さらに詳しく宋風獅子の分布を見ますと、観世音寺や若杉山、首羅山など対外交流に深く関わった寺社に集中していることがわかります。特に有名なのは宗像大社の宋風獅子で、建仁元（一

▲山頂標識

最寄り駅・バス停：JR 鹿児島本線・東郷駅、西鉄バス・王丸バス停
参考タイム：このみ公園〔５分〕登山口〔５分〕六の宮〔15分〕熊野神社・嘉平杉〔10分〕山頂〔５分〕金魚池〔40分〕このみ公園

二〇一）年の銘が刻まれ、「石造狛犬」という名称で重要文化財に指定されています。山内に残る山城の痕跡とともに、神社に残る石造物の破片ひとつからも、海の神をつかさどった宗像氏にとって、許斐山は信仰面でも重要な拠点のひとつだったのだなと想ったりします。

※森弘子先生のご教授による。

山頂にある若一王子社の石祠。かつては鐘楼もあったという

No.22 宗像四ツ塚連山の最高峰

孔大寺山

こだいしやま／標高499m／宗像市・遠賀郡岡垣町

湯川山・金山・城山・孔大寺山は宗像四ツ塚連山と呼ばれ、多くの登山者に親しまれています。孔大寺山は標高四九九m、四ツ塚連山の最高峰です。宗像大社所蔵文書などによると、孔大寺権現は日本国中の大小の諸神を勧請したもので、古くは九州全体でお祀りをしていたそうです。伝教大師最澄がつくったとされる千手観音や、多くの坊があったとの伝承がありますが、江戸時代にはすでに確認できない状況だったようです。

山頂への道

孔大寺山へは、椰野《なぎの》の集落のなかにある孔大寺神社遙拝所からの登山が一般的です。石灯籠の並ぶ参道を進み、少し登ると上屋《うわや》のある水場があります。ここには昔、サンショウウオがいたそうです。さらに進むと八一〇段の石段があります。途中に明治三十（一八九七）年に石段をつくった時の記念碑があります。

孔大寺山（宗像市・ふれあいの森総合公園より。安部裕久氏撮影）

さらに登っていくと孔大寺神社です。宗像六社のひとつで、明治十年に宗像大社の境外摂社《けいがいせっしゃ》となりました。祭神は大己貴命《おおなむちのみこと》、小彦名命《すくなひこなのみこと》です。江戸時代に天然痘が流行った時には、病気平癒や病除けのご利益があるということで信仰を集めたそうです。境内には県指定天然記念物の銀杏があります。胸高直径六m、高さ三四・六mの大きな銀杏で、秋にはあたりを美しい黄金色

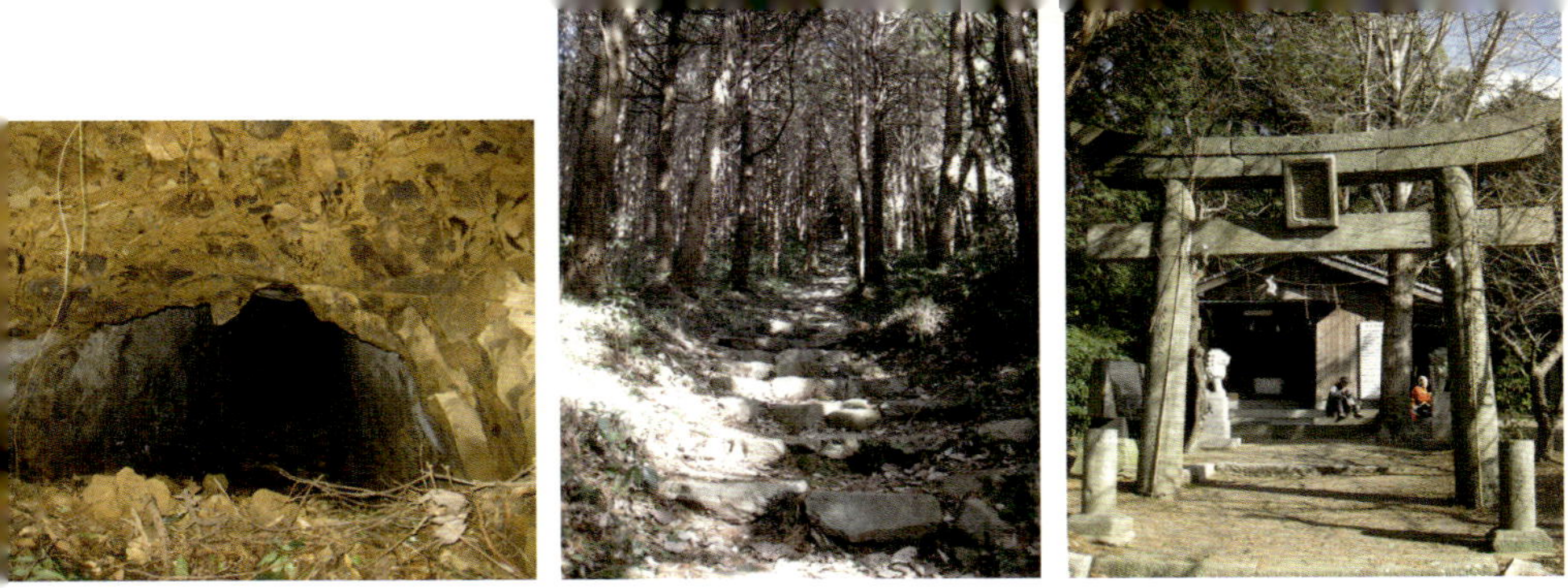

（左から）山頂付近の大穴／810段の石段／孔大寺神社遙拝所

に染め、多くの実を落とします。よく見ると孔大寺神社の周辺にはたくさんのかわらけの破片も落ちています。かわらけとは、神事などに使われる素焼きの坏《つき》で、使った後は不浄のものとされ、割って捨てる風習があります。なかには千年ほど前のものもあるようです。また、石鍋と呼ばれる滑石《かっせき》製の鍋の破片などの遺物が、たくさん木の葉に埋もれています。ここで古い時代から神事が行われ続けてきた証拠なのでしょう。

　少し戻って案内板に沿って山頂へ向かいます。ほどなく山頂へ到着しますが、眺望はあまりよくありません。山頂には金山や湯川山への標識があり、歩きごたえのある四ツ塚連山の縦走も人気のルートです。

山名の由来

　山頂付近には頂上を取り囲むようにいくつもの大きな穴があります。その規模は横幅二－三m、奥行き五mほどです。山頂に大穴があるから「孔大寺」の号があるともいわれます。『太宰管内志』などによると「穴大寺《あのうじ》」が「孔大寺」に変わったという説が最も有力とされています。この大穴の口に生贄《いけにえ》を置くと、ある時は白馬の形に、ある時は大蛇の形になった神が、生贄を食べたという伝説が残っています。

　また、孔大寺山の前方の海を船で渡ろうとすると、神さまが嵐を起こして覆すので、人々は怖れて船に乗る前に孔大寺山に参拝したという伝説なども残っています。

修験の山の歴史

　孔大寺山は、古くからの修験の山でもありました。山々をめぐる峰入りは修験の重要な行のひとつです。峰入りそのものの歴史は古く、九世紀初めの『日本霊異記』には吉野と熊野を法華経を読誦《どくじゅ》しながら歩く人がいたことなどが書かれています。

　福岡では、英彦山（彦山）修験道と宝満山修験道があります。宝満山修験道できちんとした記録が確認されるのは十六世紀頃

▲孔大寺神社の大銀杏

最寄り駅・バス停：西鉄バス・池田バス停
参考タイム：孔大寺神社遙拝所〔5分〕810段の石段〔25分〕孔大寺神社〔20分〕山頂〔40分〕孔大寺神社遙拝所

からですが、それ以前から峰入りが行われていたと考えられています。

孔大寺山は宝満山修験の春の峰入りの胎《たい》蔵界《ぞうかい》にあたり、峰入りの最後の山となります（一二七頁参照）。金剛界《こんごうかい》宝満山から三郡山地を経て胎蔵界孔大寺山へと向かうルートは、山岳曼荼羅《まんだら》の聖地として重要視されてきました。近世には孔大寺山での行を終えた行者は鐘崎《かねざき》の織幡《おりはた》神社から「外金剛《げこんごう》部《ぶ》」と呼ばれる麓の里道を通り、古社寺をめぐって福岡城に入りました。城内では福岡藩主の前で採灯護摩《さいとうごま》を焚き、厳しい修行で獲得した力を披露したりしたそうです。修行を終えた行者たちは霊験あらたかであると人々から崇められたそうです。

秘儀として語らず、記録せず、師資相承と以心伝心を旨とする修験道の実態はよくわかっていません。山の峰々をめぐり、「擬死《ぎし》再生」の行である宝満山春の峰入りでの過酷な行の最後の聖地であるこの山で、行者たちは何を思っていたのでしょうか。

大島漁港から御嶽を望む

No.23　海に浮かぶ神の山

御嶽（宗像大島）

みたけ（むなかたおおしま）／標高214.6m／宗像市

神湊《こうのみなと》から船で約二十分、海に浮かぶ宗像大島は福岡県内で最大の島です。宗像大社の中津宮《なかつぐう》があることで知られるこの島は、近年はオルレコースのある島として注目を集めています。オルレとは、済州島ではやっているトレッキングコースの姉妹版として日本にも取り入れられ、海岸や山などを五感で感じるゆっくりとしたトレッキングのことをいいます。なるほど、古代より神の島でもあった大島は手つかずの自然が残り、北側には海を臨む草原が広がるなど、変化にとんだ気持ちのよい山歩きができます。

宗像大社と宗像大島

宗像大社は、九州本土にある総社辺津宮《へつぐう》、宗像大島にある中津宮、さらに五〇㎞の沖合いに浮かぶ孤島沖ノ島にある沖津宮《おきつぐう》からなります。沖津宮は今も神官以外は年に一度、男性のみしか一般参拝できません。また、沖ノ島には古代祭祀の痕跡などを今も

左：織女社。毎年８月７日には七夕祭りが盛大に行われる／右：宗像大社中津宮

見ることができ、まさに古《いにしえ》の神の島そのものが残っています。

宗像大社のご祭神は天照大神《あまてらすおおみかみ》から生まれた田心姫神《たごりひめのかみ》、湍津姫神《たぎつひめのかみ》、市杵島姫神《いちきしまひめのかみ》で、宗像三女神とも呼ばれます。宗像大社の島々を結ぶ神の道は、古代には朝鮮半島・大陸に渡る要所でもあり、三女神は航海の神様として崇められました。宗像大社は『日本書紀』では「道主貴《みちぬしのむち》」と呼ばれ、現在も交通の神様として信仰を集めています。毎年十月一日には宗像大社秋季大祭の幕明けとして「みあれ祭」が行われます。みあれ祭は、辺津宮に祀られている市杵島姫神が、姉に当たる田心姫神と湍津姫神を迎えるもので、宗像七浦の漁船約一三〇隻がお供し、対岸の神湊まで海上を巡行します。紅白の旗など様々に彩られたたくさんの船の勇壮な走りは見事です。

御嶽に鎮座する中津宮

御嶽は大島の最高峰で標高二二四・六m、東の麓には中津宮があります。

大島は七夕伝説発祥の地ともいわれ、中津宮の参道の東には牽牛社《けんぎゅうしゃ》、西には織女《しょくじょ》社《しゃ》があり、織女社の前を流れる小川は天の川と呼ばれています。毎年八月七日に行われる中津宮七夕祭りは、鎌倉時代まで遡るそうです。

中津宮には宗像三女神のうち次女神の湍津姫神が祀られています。中津宮周辺からは弥生式土器や須恵器、銀や銅でつくられた指輪や滑石《かっせき》製の形代《かたしろ》（人形・馬形・舟形）などの祭祀具などが出土し、古代から人々の祈りの場であったようです。

現在の本殿は、永禄九（一五六六）年に宗像氏貞《うじさだ》によって再建されたものです。柿葺《こけらぶ》きの屋根の上には円形と四角形を三本ずつ束ねた、変わったかたちの鰹木《かつおぎ》があり、建物は福岡県の文化財に指定されています。

山頂への道

左：沖津宮遙拝所。空気の澄んだ日には沖ノ島の島影を見ることができる／右：山頂からの眺望

中津宮本殿裏手の鎮守の森の大きなバクチノキを通りすぎて少し歩くと、小さな木製の鳥居があります。「御嶽宮参道」と書かれた標識があり、鳥居を抜けて登山道へと入っていきます。登山道は少し鬱蒼《うっそう》としていますが、人の手があまり入っていない雑木林のなかには大木があったり、マテバシイの美しい林があったり、神域にふさわしい感じがします。思ったよりも急な登りが続きますが、三十分ほどで山頂に着きます。山頂に鎮座する御嶽宮は中津宮の摂社で、湍津姫神とその母である天照大神が祀られています。

御嶽宮のすぐ下にある展望台からの眺めは抜群です。晴れた日には、遥か海の彼方の沖ノ島も見ることができます。また、目を転じれば海岸線の向こうに宗像四ツ塚連山や西山、犬鳴山、脊振山などの山並みが連なります。

島内２カ所に牧場がある

下りは北から車道を下り、ぐるりと島を回って大島漁港へ戻るルートがおすすめです。途中には牧場もあり、青い空と玄界灘を一望しながら海からの風を受けて歩く、気持ちのよい道です。

オルレコースを歩く

牧場のすぐ先には風車展望台と砲台跡があります。砲台跡はコンクリート製の砲台の基礎の痕跡で、昭和十一年に九州北部沿岸の防衛強化のためにつくられたものです。当時は大砲が四つ備えられ、昭和二十年には砲兵部隊も配属されましたが、一度も使われることはなかったそうです。敵艦の距離や速度を測るための観測所も残っています。また、付近には日本海海戦におけるロシア人戦没者の慰霊碑なども建ち、大島で最高といわれるロケーションは、戦争の歴史とも深く関わっているようです。

アクセス：宗像市神湊より大島航路
参考タイム：大島漁港〔5分〕中津宮〔30分〕山頂〔40分〕
風車展望台〔40分〕沖津宮遙拝所〔30分〕大島漁港

風車展望台と砲台跡

風車展望台から少し東へ行くと、海岸近くの高台に沖津宮遙拝所があります、この遙拝所は、沖ノ島に行くことができない女性たちが、宗像大社沖津宮を参拝するために建てられたものだそうです。

麓に神々への祈りの場所を抱く御嶽は、航海するものの道標として歴史のなかで大切な役割を果たしてきたのです。

左：宗像大社辺津宮／右：高宮祭場。神殿がつくられる前の古代祭祀の姿を今に伝える

辺津宮本殿から高宮祭場へと向かう高宮参道

宗像大社は沖ノ島の沖津宮、大島の中津宮、宗像市田島の辺津宮の３社の総称です。天照大神の息吹から生まれたといわれる宗像三女神を祭神とし、日本各地に6200社余りある宗像神社、宗像三神を祀る神社の総本社です。古くから海の神としての信仰を集め、『古事記』には「胸肩」「宗形」などとも記載されています。世界遺産を目指している沖ノ島は「海の正倉院」と呼ばれ、古代の祭祀遺跡があり、出土遺物約８万点が国宝に指定されています。

交通安全の神様として参拝客が絶えない辺津宮の奥には、宗像大神が降臨したと伝えられる高宮祭場があります。清々とした鎮守の森を歩くと、その奥に樹木を依代（よりしろ）とした広場があります。沖ノ島とともに日本の古い信仰のかたちを残した祭場です。

沖ノ島の出土品（宗像大社蔵）。（左から）金銅製龍頭／金製指輪／奈良三彩小壺

宗像大社《むなかたたいしゃ》

香春岳（左から三ノ岳、二ノ岳、一ノ岳）

No. 24　異様な山

香春岳

かわらだけ／標高508.7m／田川郡香春町

三ノ岳の岩登りコース

「香春岳は異様な山である」

五木寛之氏の小説『青春の門』はこの一文から物語が始まり、香春岳は全国に知られる山になりました。

福岡市内から秋月街道を車で走ると、田川を過ぎたあたりに見慣れない山容の三つの山が見えてきます。石灰岩から成る香春岳は、良質な石灰石がとれることから、昭和十年にセメントの材料として一ノ岳の採掘が始まり、今では削平によって半分の高さになりました。麓のセメント工場は閉鎖されましたが、今も石灰石の採掘は続いています。麓の風情は昭和の時代の映画の一シーンのようです。

香春岳の変遷。上は昭和13年頃、下は昭和57年頃（福岡山の会提供）

三ノ岳山頂の石碑

白く平らな山頂の一ノ岳の背後には、そそり立つように二ノ岳、三ノ岳があります。現在は二ノ岳も登山禁止となっており、登ることができるのは三ノ岳のみです。

山頂への道

山頂へは、採銅所駅から歩いていくことができますが、五徳越《ごとくごえ》峠に車を停めることもできます。林道をはさんで右に行くと牛《うし》斬山《きりやま》、左に行くと三ノ岳です。途中で分岐しますが、岩登りコースがおすすめです。急峻な石灰岩の斜面で、途中で振り返ると絶景が広がり楽しめます。ファミリーコースはなだらかでよく整備されています。日本猿が生息していることでも有名で、運がよければ猿に出会うこともあります。山頂付近にも隆起した石灰岩の大きな塊があります。山頂に立つと三六〇度のパノラマで、田川の町並みや一ノ岳の白く平らな異様な山頂を見下ろすことができます。

山名の由来

香春岳の名前の由来には、金辺《きべ》川沿いの美しい川原を意味する説など諸説があります。『万葉集』には「豊国の香春は我家……」、また『和名抄』には「田川郡香春郷あり……」と書かれており、古くから伝わる地名であることがわかります。また、

左：清祀殿。神鏡鋳造所の跡地／右：三ノ岳山頂より。中央奥の白く見える所が一ノ岳、手前が二ノ岳

八世紀に編纂された『豊前国風土記』には「昔者、新羅の国の神、自らわたりきたりて、此河原に住みき。すなはち、名付けて鹿春の神という」（筆者書き下し）と、韓国との深いつながりが記載されています。

豊富な鉱物資源

香春の地は、古くから香春岳を中心に鉱物資源にも恵まれていました。特に銅の生産は有名で、「採銅所《さいどうしょ》」という地名や駅名にもなっているほどです。銅の発見は古代に遡り、新羅から渡来した秦氏を中心に渡来人が銅などの鉱脈を発見し、香春岳に新羅国神を祀ったとされています。田川周辺の八世紀頃の戸籍を見ると秦氏が集中して居住しており、渡来人の密集地であったことがわかります。この地で産出した銅が、奈良の東大寺の大仏造営の材料となったことは有名な話です。また周防《すおう》の鋳銭司《ちゅうせんし》（山口市）に送られ、銭の鋳造が行われるなど、国家的事業に使われていました。江戸時代には宇佐八幡宮奉納用の鏡を鋳造したといわれ、その場所が清祀殿《せいしでん》として今も地域に守られています。

この地は、古代の奈良と大宰府を結ぶ官道沿いにあたります。香春岳の麓には天台寺（上伊田《かみいた》廃寺）などの古代寺院もあり、発掘調査の結果、新羅系や百済系の瓦なども発見されています。最澄が香春神社に渡航の安全を祈禱したという伝承も残ります。豊富な鉱物資源とともに、交通の要所としても重要な地だったのでしょう。

中世の山城、香春岳城

古代には信仰の山であった香春岳も、南北朝期には香春岳城が築かれ、重要な城郭として幾多の争いに巻き込まれていきます。それ以前にも藤原純友《すみとも》が香春岳城を築いたとか、平清盛の家臣が築城したという伝承もありますが、その真偽は定かではありません。古代より神の山とされていたため、城郭として使用されたのは南北朝期まで下

▲岩登りコースとファミリーコースの分岐点

最寄り駅・バス停： JR日田彦山線・採銅所駅他
参考タイム： JR採銅所駅〔25分〕清祀殿〔25分〕五徳越峠〔10分〕コース分岐〔20分〕三ノ岳分岐〔15分〕三ノ岳〔40分〕五徳越峠〔45分〕JR採銅所駅

るというのが定説となっています。建武年間（一三三四―三六）には少弐《しょうに》氏の居城となりますが、応永五（一三九八）年には大内氏の家臣原田氏の居城となり、豊前国の拠点となりました。やがて天正十四（一五八六）年の豊臣秀吉の九州侵攻により落城しました。二ノ岳を中心に曲輪《くるわ》の跡や土塁《どるい》などの遺跡が残っていますが、出土遺物は十六世紀代のものが多いようです。

江戸時代以降の香春岳

江戸時代になると香春岳周辺でも石炭が採掘され始め、明治時代には宮尾炭鉱や中《なか》津原《つばる》炭鉱など、筑豊炭田のひとつとして石炭産業が盛んになりました。

古代の銅の採掘に始まり、近年のセメント産業に至るまで、香春岳を取り巻く歴史の背景には、常に豊かな鉱物資源があります。その豊かさ故に頂を失った一ノ岳の異様な山容を見ると、きゅっとした胸の痛みを覚えます。

山頂からの眺望

No. 25　筑豊のシンボル

福智山

ふくちやま／標高900.6m／北九州市小倉南区・直方市・田川郡福智町

福智山は北九州市・直方市・福智町の境界にある標高九〇〇・六mの山です。北九州市・皿倉山から田川市・香春岳にかけて連なる福智山地の主峰としておおらかにそびえるその姿は、古代から地域のシンボルとして人々の信仰を集めてきました。麓にある福岡県指定文化財の方城岩屋磨崖梵字《まがいぼんじ》曼荼羅《まんだら》（鎌倉時代）や興国寺《こうこくじ》などの古刹、福智神社などが、山・神・人の深い歴史を静かに物語っています。

山頂への道

北九州国定公園の一部で、四季を通じて気持ちのよい山歩きができることから、多くの登山者で賑わいます。焼き物の里上野《あがの》から白糸の滝を見て山頂へ向かうコースなど、いくつもの登山路がありますが、鱒淵《ますぶち》ダムからのコースでは、牛馬が通ったといわれる道が今も旧道として残り、石垣や水路の名残《なごり》も見られます。地元の人の話では、山瀬地区など山の中腹には、一九五〇年代

左：福智山山頂／右：麓にある福智神社中宮

頃まで集落があり、畑や田んぼをつくり炭焼きで生計を立てていたそうです。

山頂付近にはクマザサやススキの群生が広がり、国見岩からの眺めはその名のとおり見事です。足下に遠賀川が横たわり、かつて栄えた筑豊の町や遠く関門海峡までも見ることができます。英彦山、古処山、三郡山系などの山々を三六〇度ぐるりと見渡すことができる眺望の良さは九州有数といわれます。山頂には小さな祠《ほこら》が二つあります。小倉藩が祀った福智神社上宮と福岡藩が祀った福智社（鳥野神社）で、それぞれの方向を向いています。山頂から少し下りたところには山小屋と、福岡県初の山のバイオトイレがあり、登山者に重宝がられています。

修験の山の歴史

里山として、近年まで人々の生活と深く関わってきた福智山は、白鳳元年（七世紀後半）に修験の山として開山されたと伝えられます。大宰府の役人だった栗隈王《くりくまおう》と上野荘出身の彦山法蓮の弟子の教順《きょうじゅん》法師に夢のお告げがあり、保食神《うけもちのかみ》、伊弉諾命《いざなぎのみこと》、大己貴命《おおなむちのみこと》を山頂に祀ったといわれます。また、修験道の教祖でもある役行者《えんのぎょうじゃ》（役小角《えんのおづぬ》）が訪れたとも伝えられ、修験者たちが国家安康の護摩焚きの祈禱をしたことから、山頂の国見岩は行者岩とも呼ばれます。

また、平安時代には、伝教大師最澄や弘

山頂付近の国見岩。クマザサが生い茂っている

左：高鳥居城（鷹取山城）が築かれた鷹取山／右：福智山遠望（上野より）

法大師空海が渡唐の前に福智山に登り祈禱をしたと伝えられます。大塔谷や鐘山谷という地名は、唐から帰った最澄が大塔を建て、空海が鐘楼を建てたことからその名がつけられたといわれています。

中世の最盛期には三十六坊があったと伝えられますが、鎌倉時代後期には彦山座主《ざす》から僧徒九人を遣わしており、その頃から福泉坊を法頭（坊のまとめ役）として富松坊、白岩坊など十五坊になったようです。元寇の際にはこの十五坊を中心に、修験者が山頂で護摩の行事を行い、国家安泰の祈禱に多くの修験者が参列したと伝えられます。室町時代には彦山胎蔵界《たいぞうかい》と福智山金剛《こんごう》界《かい》を結ぶ秋の入峰行が行われていましたが、大内氏と大友氏の争いに巻き込まれて修験行事も途絶え、さらに応永三十二（一四二五）年に法頭であった福泉坊行海が亡くなると入峰は途絶えてしまったそうです。

鷹取山城

福智山の西にある鷹取山には、南北朝の時代、少弐頼尚《しょうによりひさ》によって城が築かれました。高鳥居城とも鷹取山城ともいわれます。上野からの登山道を登っていくと左手に見えるピークで、山頂にはかつて福泉坊があったともいわれます。十六世紀には毛利氏の居城となり、幾たびもの戦いの後、天正十一（一五八三）年に大友宗麟《そうりん》の息子、左《さ》近将監《こんのしょうげん》義統《よしむね》率いる一万三千の軍に攻められました。鷹取山城主毛利鎮実《しげざね》はよく戦いましたが、福智山方面から五百騎に攻められ、鉄砲の攻撃を受けて落城しました。江戸時代には筑前領となりましたが、元和元（一六一五）年の一国一城令によって取り壊しとなりました。当時の面影を残す山頂に佇むと、強者どもの夢の跡が偲ばれます。

近世以降の福智山

江戸時代になると六坊が開かれ、再び修験行事は復活し、地域の信仰や生活に深く

▲雑木林を歩く

最寄り駅・バス停：平成筑豊鉄道伊田線・赤池駅⇨福智町福祉バス・上野峡入口バス停 他
参考タイム：上野峡入口バス停〔10分〕白糸の滝〔90分〕福智山〔40分〕上野越〔20分〕鷹取山〔20分〕上野越〔50分〕上野峡入口バス停

福智神社上宮の石祠に祀られた神像や山伏像

関わっていきます。英彦山山伏の秋の入峰は七月から九月四日までと決められており、峰入りの一行は中宮社で一泊したとされます。こうした峰入りは明治初年の神仏分離令により修験道が禁止されなくなりますが、その後も信仰は静かに生きています。山頂で広々とした景色を堪能した後、石造りの祠のなかをのぞいてみてください。今も山伏が……。

野鳥川から見る古処山

No. 26　難攻不落の堅城跡

古処山

こしょさん／標高859.5m／朝倉市・嘉麻市

筑前の小京都といわれる秋月地区の背後にそびえる山が古処山です。標高は八五九・五m、朝倉市と嘉麻市の境に位置します。古処山を主峰とする古処山地の東は朝倉郡東峰村小石原付近で英彦山地に接し、西は冷水峠《ひやみず》を境に三郡山地と接しています。筑後川県立自然公園にあり、英彦山へ向かって九州自然歩道が延びています。山頂付近一帯にはオオヒメツゲを主体とした原始林があり、国の特別天然記念物に指定されています。なかには樹高約一二m、根回り一・六mになるものもあります。植物や鳥類なども多種にわたり、豊かな自然が息づいています。

山名について

山名の由来はよくわかっていませんが、山頂には白山権現社が鎮座し、石灰岩の露頭があり白く輝いていたことから、別名「白山」「白髪岳」とも呼ばれています。鎌倉時代には山頂に古処山城がつくられたと

（左から）山頂には白山権現が祀られている／登山道沿いに庭園のような風景が広がる／奥の院内部

伝えられます。秋月藩出身の儒学者であった原古処《こしょ》の名は、この山の名に由来します。

古処山は古くから修験の山としても知られ、山中で伝教大師最澄が薬師如来像を彫ったという伝説があります。最盛期には三十六坊あったと伝えられ、山の西側に僧坊跡があるようです。

山頂への道

山頂へ向かうにはいくつかのルートがあります。秋月側からは林道が山頂近くまで通っています。嘉麻市側の遊人《ゆうじん》の杜《もり》キャンプ場から大将隠し、奥の院と呼ばれる岩屋を通って山頂へ向かうルートは岩場や鎖場を伝ってのやや厳しい道です。途中には美しい苔に覆われた石灰岩がある場所など、驚くほど静かな庭園のような風景を目にすることができます。その光景は江戸時代の文献に「此山奇絶の佳境にして、世にまれなる勝地なり」と表現されています。奥の院は、かつて山伏の行が行われたところで、頭上には今にも落ちてきそうな石があり、神秘的な場所です。江戸時代には「風穴」といわれていたようです。人がやっと一人通るくらいの岩の裂け目で、中に入るとひんやりとし、薄暗いなかに祈りの痕跡を見ることができます。

山頂部には白山権現社があり、菊理姫《くくりひめの》命《みこと》、神功皇后、イザナミノミコト、イザナギノミコトを祀っているといわれます。山頂からの眺望はよく、南に耳納《みのう》連山や筑後平野、北に飯塚盆地、西に宝満山を含む三郡山地、東に屛山《へいざん》や馬見山に筑紫山地の山並みを見ることができます。山頂部からやや下ると平場があり、木々の間に今も多くの石仏が祀られています。

古処山は長い間、英彦山山伏や宝満山伏の修行の山として重要な役割を果たしてきました。山伏は峰入りと呼ばれる行で、英彦山や宝満山に連なる山々をめぐりました。山頂付近には多くの石仏や磨崖碑《まがいひ》など、今なお続く信仰の証《あか》しを見ることができます。

▲山頂付近のオオヒメツゲ

最寄り駅・バス停： 甘木観光バス・野鳥バス停他
参考タイム： 中腹駐車場〔40分〕水舟〔20分〕山頂〔15分〕大将隠し〔5分〕奥の院〔15分〕山頂〔50分〕中腹駐車場

山頂付近の石仏

平成二十五年の五月には宝満山伏の峰入りが一五〇年ぶりに復活し、ほら貝の音を響かせながら、色とりどりの装束に身を包んだ山伏たちが、この山を歩きました。

中世以降の古処山

鎌倉時代、秋月氏の祖先である原田種雄《たねかつ》が、その本拠地として建仁三（一二〇三）年、山頂に古処山城を築きます。古処山城の築城により、三十六坊あった僧坊は六坊になります。山頂の西側と南側の経ケ峰《きょうがみね》と呼ばれる場所には、今も古処山城の跡が残っています。数十本に及ぶ畝《うね》のような空堀の跡など、大友宗麟《そうりん》の数度にわたる攻撃にも耐え、戦国時代まで難攻不落の堅城、九州第一の要塞として名を馳せた城の歴史を物語っています。城跡の少し下には「水《みず》

 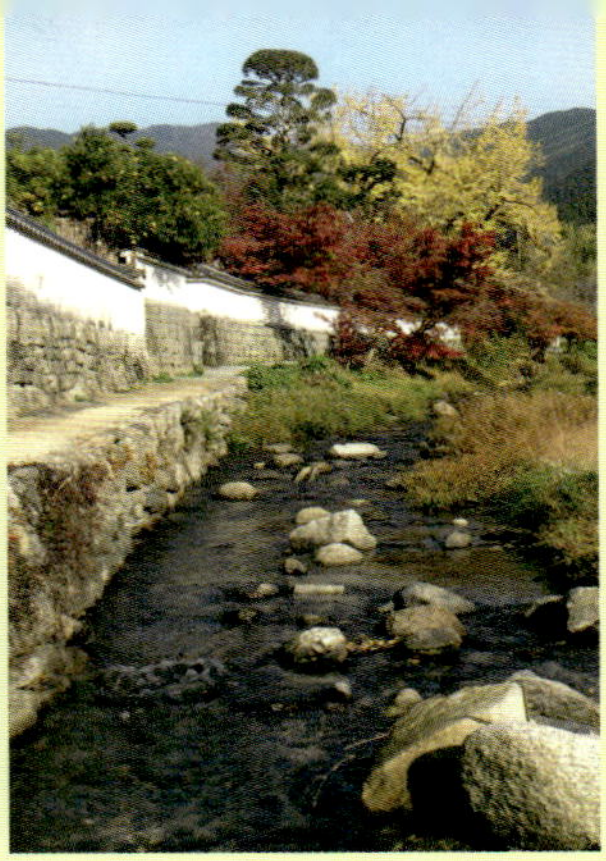

左：長屋門。秋月城の遺構の中で唯一築城当時の場所に立つ
右：風情のある野鳥川沿いの小径

朝倉市にある秋月城跡を中心とした秋月の町並みは、年間80万人もの観光客が訪れる観光地となっています。春の桜の頃や紅葉の頃は格別に美しく、「筑前の小京都」と呼ばれます。

鎌倉時代に大蔵氏の一族原田種成の子種雄が秋月に移り住み、秋月氏を称してこの地方を支配するようになり、以来400年間、秋月氏の本拠地として栄えました。元和9（1623）年、黒田長政の三男長興が夜須・下座・嘉麻郡のうち５万石を分知され、その本拠地を秋月に定めました。その後約250年間、秋月藩12代の治世が続き、秋月は城下町として繁栄しました。

秋月の町並み

あきづきのまちなみ

舟《ふね》」と呼ばれる湧水があります。古処山城があった頃には、大暑にも涸《か》れず、清らかな水をたたえ、一日千人の喉を潤したといわれています。

秋月氏は戦国時代の終わり、天正年間（一五七三―九二）には豊臣秀吉に降伏し、山城は廃城となり、秋月氏は日向国（宮崎県）へと移されました。その際、僧坊としては伊賀坊のみが残り、その後麓の野鳥《のとり》に下りて天台宗古処山普明院円福寺を開山したといわれています。江戸時代になり元和九（一六二三）年、福岡藩主黒田長政の三男、黒田長興《ながおき》が付近一帯五万石を分封されました。長興は廃城となっていた古処山城の一部や、麓にあった秋月氏の館跡を利用して平城を築きました。今も長屋門や掘、石垣などが残り城下町の風情をよく残した秋月地区は重要伝統的建造物群保存地区に選定されています。観光客で賑わう城下町秋月は、古処山に始まる長い歴史のなかでつくられていったのです。

No.27　日本三大修験の山

英彦山

ひこさん／標高1199.6m／田川郡添田町・大分県中津市

英彦山は福岡県田川郡添田町と大分県中津市山国町にまたがる県境の山です。標高は一一九九・六m、福岡県内では釈迦岳、御前岳に次いで三番目に高い山です。南岳・中岳・北岳の三峰からなり、中岳に英彦山神宮の上宮があります。遠くから見ても、その高さと三峰の形状からすぐに英彦山とわかる山容をしています。山の一部は耶馬日田英彦山国定公園で、日本百景のひとつとされています。

中岳山頂付近の石段

（左から）幹周り12.4mの鬼杉（野下幸太郎氏撮影）／泉蔵坊跡／国指定重要文化財の奉幣殿

英彦山神宮の周辺

国指定重要文化財である英彦山神宮の奉《ほう》幣《へい》殿《でん》には四季を通じて多くの観光客が訪れます。奉幣殿は江戸時代の元和二（一六一六）年、細川忠興《ただおき》によって再建されています。柿葺《こけらぶ》きの堂々とした風格で、元の英彦山霊仙寺《りょうせんじ》の大講堂であったと伝えられています。

銅《かね》の鳥居の横からスロープカーに乗り奉幣殿まで行くこともできます。雪舟《せっしゅう》庭園（旧亀石坊庭園）の横の駐車場に車を停め、奉幣殿までまっすぐなおよそ三百段の見事な石段を登りながら、春の新緑、秋の紅葉など四季折々の風情を楽しむのもいいでしょう。石段の両脇には今も石垣や平坦地などの痕跡が残り、かつて山中に三千あったといわれる坊もいくつか残っており、往時の賑やかさがうかがえます。

天狗の山としても有名で、彦山豊前坊という大天狗は、信仰の篤い者を助け、不心得者には罰を下すといわれています。

上：大南神社。洞窟内に社がある／下：材木石

山頂への道

登山ルートはいくつもありますが、奉幣殿から中津宮（中宮）を経て中岳を目指し、南岳、材木石から、石窟のひとつ大南神社や鬼杉を経由して下山するルートがおすすめです。整備された道で気持ちのよい山歩きができます。鬼杉は樹齢一二〇〇年といわれる大杉です。英彦山神宮上宮付近からは、平安時代にお経を埋めた経塚《きょうづか》などが

左：中岳山頂に鎮座する英彦山神宮上宮／右：英彦山神宮の中津宮（中宮）

見つかっています。

山名の由来と開山伝承

英彦山はもともと「彦山」と表記されていましたが、享保十四（一七二九）年に霊元法皇の院宣によって「英」の字をつけたそうです。彦山の名は、山の祭神が天照《あまてらす》大神《おおみかみ》の御子天忍《あめのおし》穂《ほ》耳尊《みみのみこと》（日の神の子、日子）であったからだとも伝えられます。

一方で、開山伝承として以下のような話も伝えられます。北魏の僧善正《ぜんしょう》が英彦山山中で修行中に猟師の藤原恒雄《こうゆう》に会い、殺生の罪を説きました。藤原恒雄は韓国の建国の神で、それが日本に伝わったとされています。しかし、それでも猟を続けた恒雄は一頭の白鹿を射ました。その時三羽のタカが出現し、檜の葉を水に浸して白鹿に含ませたところ、白鹿は生き返りました。それを見た恒雄は、白鹿は神の化身だと悟り、善正の弟子になって社《やしろ》を建てたというものです。

また、大宝元（七〇一）年には役行者《えんのぎょうじゃ》（役小角《えんのおづぬ》）が入山したといわれ、法蓮上人が中興し、宇佐姓を賜ったとの伝承もあります。

延喜十九（九一九）年には、豊前守惟房が彦山神に幣帛《へいはく》を捧げ、天慶三（九四〇）年には源経基《つねもと》が彦山に祈願したとされ、平安時代前期にはすでに信仰を集めていたことがわかります。康平五（一〇六二）年には源頼義《よりよし》が安倍貞任《さだとう》の鎮定を祈願し、これに勝利した後に丈六《じょうろく》（一丈六尺の大きさ）の阿弥陀三尊を奉納したとも伝えられます。

日本三大修験の山

英彦山は修験の山として知られ、山形県の羽黒山《はぐろさん》、奈良県の大峰山《おおみねさん》とともに日本三大修験の山のひとつとされています。修験道では「峰入り」が重要な行でした。大先《だいせん》達《だつ》に率いられた山伏たちが、彦山を胎蔵界《たいぞうかい》とし、春には宝満山、秋には福智山を金剛《こんごう》界《かい》として峰々を歩きました。「擬死《ぎし》再生」

英彦山修験道と宝満山修験道の峰入りコース

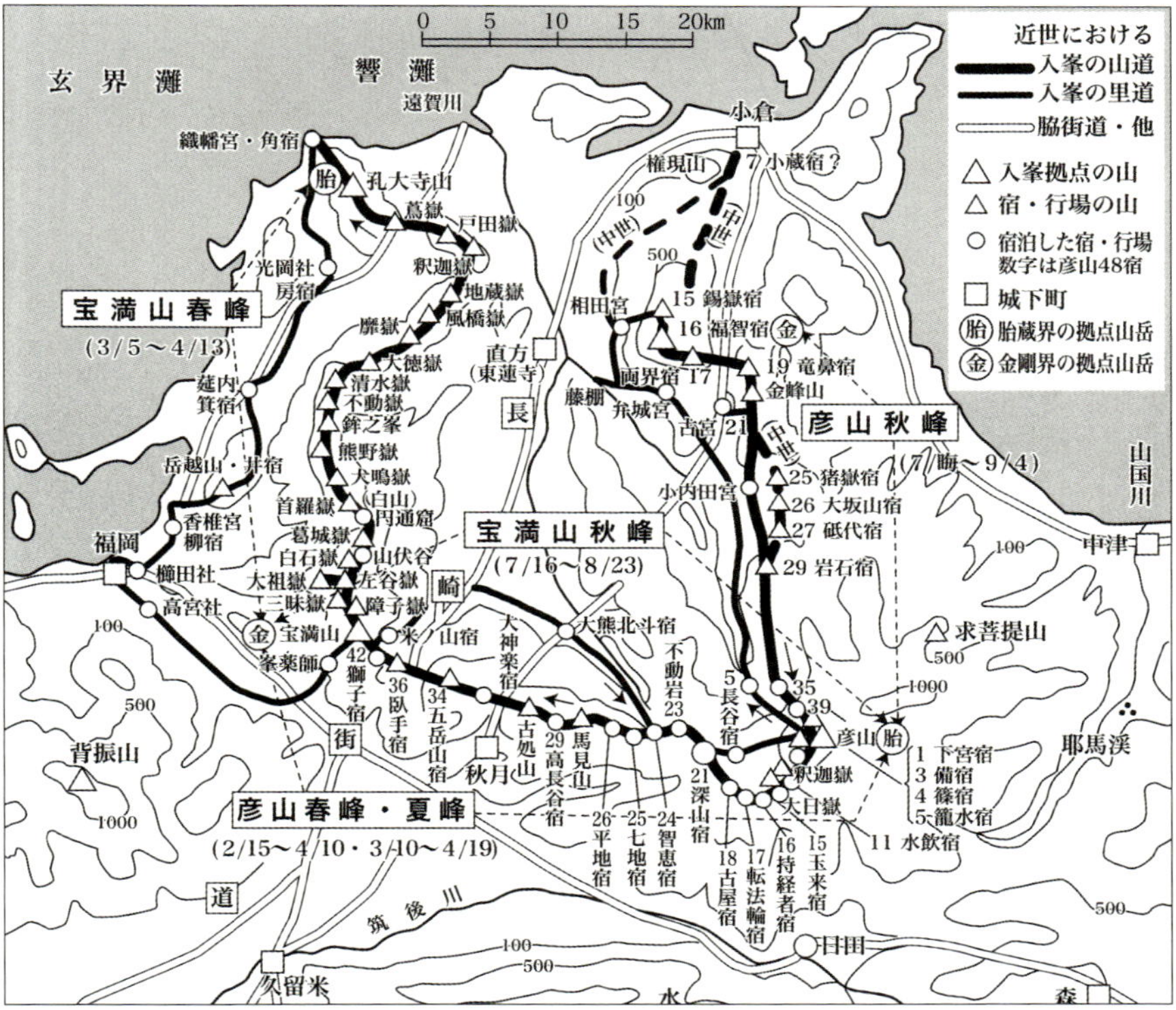

＊長野覺「首羅山（白山）と宝満山修験道の峰入（入峯）」（『首羅山遺跡　福岡平野周縁の山岳寺院』久山町教育委員会、2008年）より

奉幣殿前での護摩焚き神事

と呼ばれる大変厳しい命がけの行で、聖なる山での峰入りを通じて山伏たちは生まれ変わり、神仏に通じる験力《げんりき》を獲得して衆生を救うとされました。

　彦山修験道の発生についてはまだわからないことが多いのですが、平安時代に書かれた『中右記《ちゅうゆうき》』に記載されていることから、十一世紀後半にはすでに大きな力をもつ一派となっていたことがわかります。最

最寄り駅・バス停：JR 日田彦山線・彦山駅
参考タイム：銅鳥居〔20分〕奉幣殿〔30分〕中津宮〔50分〕中岳〔10分〕南岳〔50分〕大南神社〔10分〕鬼杉〔50分〕玉屋神社〔70分〕銅鳥居

盛期には僧坊三千坊をもち、四十九窟の行場があったといわれ、山伏たちの祭礼や配札などの布教によって檀那《だんな》数も四十二万軒に上ったといわれます。現在の奉幣殿はかつて霊仙寺の大講堂であり、鎌倉時代に書かれた『彦山流記《るき》』にも「大講堂一宇　二階　七間一丈二尺間」と記載があることから、古い時代から信仰の中心の場であったようです。

西日本一の修験の山でもあった英彦山も天正年間（一五七三－九二）には秋月・大友両氏の兵火にあい焼け落ちます。江戸時代になって小倉藩主細川忠興《ただおき》によって大講堂の再興が行われ、十八世紀には隆盛を極めました。明治の神仏分離令によって修験道は廃止され、英彦山神社（後に神宮）となり、山伏も山を下りていきます。

英彦山は国史跡の山として、今も調査が進んでいます。山の歴史の再発見がとても楽しみです。

蔵持山（犀川より）

No. 28　豊前地方屈指の霊山

蔵持山

くらもちやま／標高472m／京都郡みやこ町

豊前の国には国東六郷満山《ろくごうまんざん》や英彦山を中心とした豊前六峰などがあり、出羽、紀伊とともに日本三大修験道の山を有する地域として、全国に知られています。

蔵持山は英彦山に深く関わる、みやこ町犀川《さいがわ》にある標高四七二mの山です。背後には英彦山が控え、前面には京都《みやこ》平野と周防《すおう》灘が広がっています。山容は富士山のようなきれいな円錐形をしていますが、山頂部の中央がくぼむことから双耳峰《そうじほう》となっています。

山名の由来

山の形状が、馬の鞍《くら》に似ていることから「蔵持山」と呼ばれるようになったと伝えられます。神功皇后が三韓出兵の戦勝・凱旋記念に神楽や鞍を奉納したとの説もあります。

その山容から「笠見山」や「御蓋山《みかさやま》」「鞍用山《くらもちやま》」などの別名でも親しまれています。平野部から見ると東の神楽山、西の帝

左：樹齢800年といわれる中腹の大杉／右：石垣跡が随所にある

釈山とともに、三尊仏のようにも見えます。

さらに、山の名前にまつわる説話として次のような話もあります。平安時代半ばに、蔵持山には静暹《じょうせん》上人という験力《げんりき》（超能力）の持ち主のお坊さんが修行していました。山に籠って修行している間も験力で托鉢の鉢を麓に飛ばして、食糧をもらって回ったそうです。ある日、その鉢が門司関まで遠出をし、年貢米を京へ運ぶ船に米をもらおうとすると、船頭がそれを断りました。怒った鉢が飛び去ると、船に積んであった米俵が鉢をおいかけて蔵持山まで飛んできたそうです。これを追いかけた船頭は、蔵持山にいた静暹上人の験力に驚いて自ら上人に弟子入りし、米を入れる蔵を建てたということです。静暹上人は宝船寺を建立し、蔵持山を開山したといわれています。修験の山には、空を飛んだともいわれる修験道の祖役行者《えんのぎょうじゃ》（役小角《えんのおづぬ》）の逸話のように、不思議な力を持つ行者の話などがよく残っています。

中世以降の蔵持山

鎌倉時代から室町時代には御家人宇都宮氏から十八町四方ともいわれる山領を寄進され、宇都宮家の祈願所となり、彦山派の山として最盛期を迎えます。天正年間（一五七三－九二）には彦山の衰退と宇都宮家の滅亡によって衰退しますが、江戸時代になると英彦山の末山として再興し、祭礼や松会《まつえ》、鬼会《おにえ》などの法会も英彦山と共催するなど、さらに関係を深めていきます。明治三十三（一九〇〇）年の大火によって全山が焼亡し、その後は山の中にいくつかのお堂や石垣などが残るのみとなってしまいました。

蔵持山の自然

植生はスダジイやヤブツバキ、イスノキなどの照葉常緑樹が残り、里山らしい景観をとどめています。山伏たちが満行の際に献植したとされる杉の林も残り、かつて大

二の鳥居

講堂といわれた中腹の祝詞殿《のりとでん》前には樹齢八百年ともいわれる杉の巨木があり、県の天然記念物に指定されています。

英彦山や耶馬渓、国東半島などと同じく角礫凝灰岩《かくれきぎょうかいがん》の堆積層があり、長い間の浸食作用によってできた奇岩や窟など、山の中は独特の雰囲気が漂っています。

山頂への道

伊良原《いらはら》ダムの建設が進む高座《こうざ》の登り口から山中に入ると茶畑があり、やがてすぐに「右クラモチ左アブミ」と書かれた追分《おいわけ》石碑があります。この石碑に沿って右に進むと、江戸時代後期につくられた石畳の参道や端整な石垣が残る中谷へ入ります。中谷を登りつめると二の鳥居があり、さらに石段を登ると蔵持山神社中宮があります。山はここから急峻になり、不動窟や文殊窟などの行場もあります。山頂や国見台、稚児《ちご》落しからの眺望はすばらしく、周防灘や周

中谷には江戸時代につくられた石畳の参道や石垣が残る

国見台からの眺望

▲上宮の鳥居

▲「右クラモチ左アブミ」と刻まれた追分石碑

最寄り駅・バス停：平成筑豊鉄道田川線・犀川駅
参考タイム：高座橋〔45分〕蔵持山神社中宮〔15分〕国見台〔５分〕山頂（上宮）〔５分〕稚児落し〔５分〕山頂（上宮）〔50分〕高座橋

辺の霊山が見渡せます。眼下には豊前国府があったといわれる平野が広がり、この山が重要な場所にあることを感じます。

中谷だけでなく、東谷・北谷・西達丁《にしだっちょう》地区にも坊跡や石塔、窟の跡や磐座《いわくら》などがあちこちに見られ、豊かな植生とともに、修験の歴史を充分に楽しむことができます。

歴史の風情をよく残している蔵持山ですが、遺跡を横断する林道の建設など、残念なことにその景観は今後大きく変わってしまうようです。

山中の石塔群

求菩提山（求菩提資料館提供）

No. 29　修験道の一大拠点

求菩提山

くぼてさん／標高782m／豊前市・築上郡築上町

「天狗の山」「修験の山」として知られる求菩提山は、大分県と福岡県の県境近く、豊前市・築上郡築上町にあります。周防灘に面した中津平野から岩岳《いわたけ》川をさかのぼると、美しい円錐形を呈した求菩提山が見えてきます。標高七八二m。周囲には犬ケ岳、釈迦岳、大日岳、経読岳《きょうよみだけ》、鉾立《ほこたて》峠、国見山がぐるりと取り巻くようにあり、その中に求菩提山があります。近世文書『求菩提山雑記』を見ると「往古ハ絶頂常に奇雲たなひき夜毎金光起こりて衆峰を照らす……」とあり、赤く吹き上げる噴火や噴煙に、古代の人々は畏怖の念を抱いていたようです。今も山内には安山岩や溶岩の露頭があり、求菩提山が活発な火山であったことを伝えています。

開山伝承

この山の開山は猛覚魔《もうかくま》卜仙《ぼくせん》。「猛」は強い、「覚魔」は聖者、「卜仙」は呪術者を意味しています。猛覚魔卜仙が五二六年にこ

左：岩屋坊。昭和40年代までは岩屋氏が住んでいた／右：多宝塔跡に残る礎石

の山の金光を訪ねて山頂によじ登ったところ「神明降霊の瑞相《ずいそう》」があり、「顕国霊神の祠《ほこら》」を建て、それ以降神霊が鎮座したと伝えられています。また、卜仙は、求菩提山の南南西にある犬ケ岳に住み国家に多大な害を及ぼしていた八匹の鬼を退治したとの伝承もあり、求菩提山八合目にある鬼神《おに》社は、卜仙が退治した鬼を祀ったものであるといわれています。こうした開山伝承が麓の温泉、「卜仙《ぼくせん》の郷《さと》」の名称の由来になっています。

火山特有の山容と様々な伝承をもつ山岳信仰の聖地として知られ、山内に多くの遺構が残り、福岡県内の山林・山岳寺院としては初めて国史跡に指定されています。

山に残る歴史

平安時代末期、今から八百年ほど前に比叡山で修行した頼厳《らいげん》上人がこの山を復興します。荒れたお堂を改修し、多宝塔《たほうとう》を建立するなどして護国寺を再建し、五百もの僧坊を置いたそうです。

国宝に指定されている銅板法華経の埋納にも頼厳上人が深く関わっています。発見された銅板法華経はお経を書いた銅板三十三枚を銅の箱に入れて埋められていたもので、大変珍しく、求菩提山以外では国東半島の長安寺、英彦山のみで確認されています。かつて「豊の国」といわれた豊前地方の信仰圏を知るうえでも重要な遺品だといえます。

明治初年の神仏分離令によって、山の中心であった護国寺は廃寺となり、かつて五百坊あったといわれる山内は無住の地となりました。今、山の麓にはその歴史を凝縮した展示施設「求菩提資料館」があり、平安時代以来の仏像や火伏《ひぶせ》の神として信仰を集めたカラス天狗の木彫り像、修験道具など貴重な遺産の数々が展示されており、往時の活気を偲ぶことができます。

山頂への道

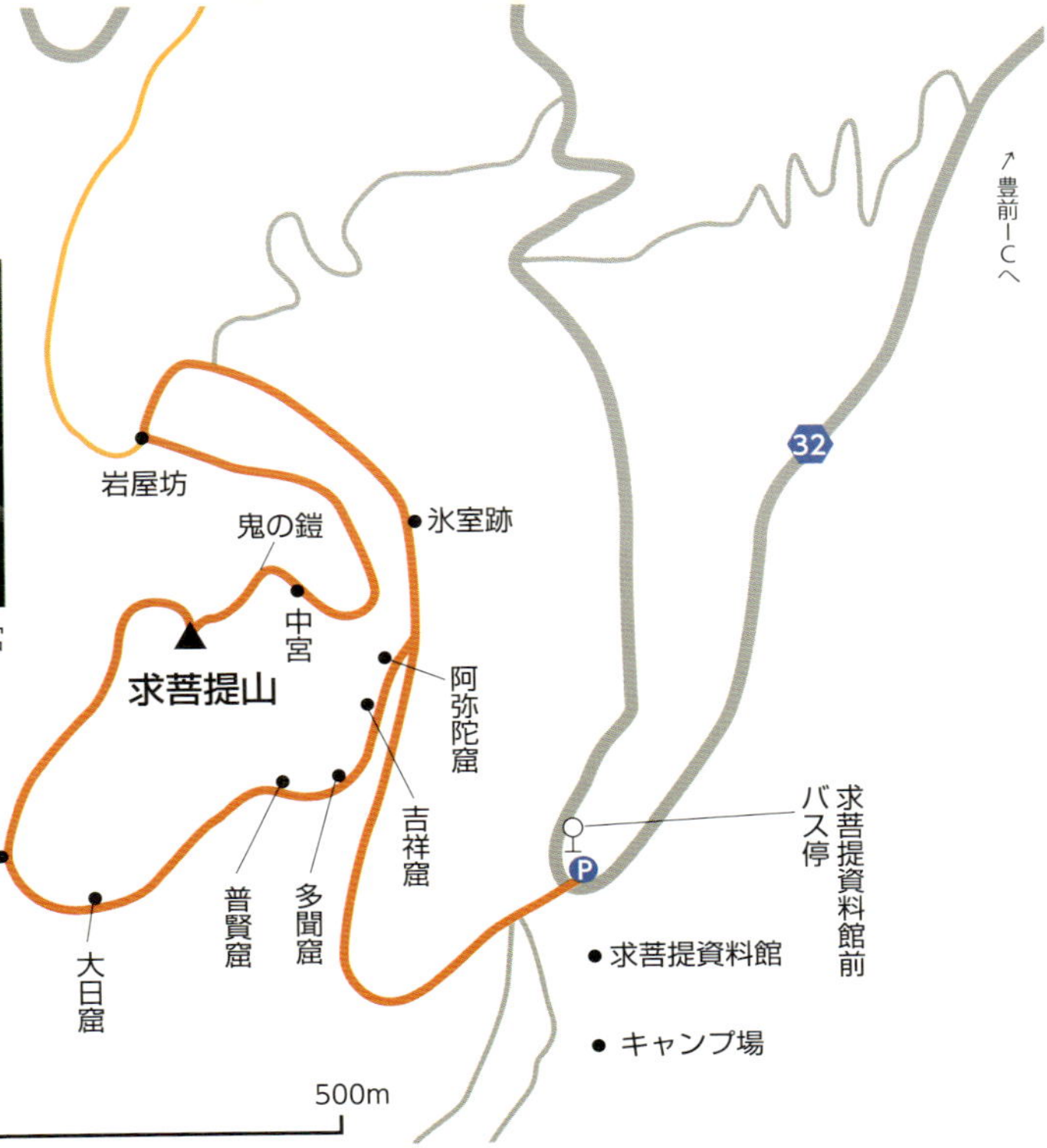

▲国玉神社中宮

最寄り駅・バス停：豊前市バス・求菩提資料館前バス停
参考タイム：求菩提資料館前バス停〔50分〕岩屋坊〔10分〕国玉神社中宮〔15分〕山頂〔10分〕胎蔵界護摩場跡〔25分〕阿弥陀窟〔30分〕求菩提資料館前バス停

求菩提資料館から少し登り山中に入り、苔むした石段を登っていくと、修験の山らしく禊《みそ》ぎ場や岩屋坊、安浄寺《あんじょうじ》跡などがあります。山内に残るただひとつの神社、国玉神社中宮の奥から八五〇段の「鬼の鐙《あぶみ》」を登ると山頂です。山頂に立ち、見回せば、横たわった巨岩のかたわらに石塔がひっそりと鎮座しています。そして山頂にお経を埋めた人々の願いを思えば、古《いにしえ》からの凜とした聖地の雰囲気を感じることができます。南西方面へ下ると、胎蔵界護摩場《たいぞうかいごまば》跡を経て大日窟、普賢窟、多聞窟、吉祥窟、阿弥陀窟の求菩提五窟をめぐることができます。

周辺に残る信仰の痕跡

周辺には求菩提山の信仰を伝える寺院や窟などが今も残っています。そのひとつ岩《がん》洞窟《どうくつ》を訪ねますと、そのごつごつした天井に、彩色された飛天《ひてん》の絵を見ることができます。また、求菩提山の鬼門にあたる北東

如法寺山門の木造金剛力士立像（北九州市立自然史・歴史博物館提供）。右が阿形（あぎょう）、左が吽形（うんぎょう）

如法寺の山門

常在山如法寺は求菩提山護国寺の末寺のひとつでした。写経所でもあり、求菩提山や英彦山の銅版法華経はこの寺で彫られたとも伝えられます。山門の木造の金剛力士像は平安時代末につくられたと伝えられ、ご本尊の如意輪観音像も室町時代の作です。鎌倉時代に宇都宮氏の支配下に置かれ、戦国時代には寺は砦のようだったといわれます。宇都宮氏の滅亡後は廃墟となっていましたが、江戸時代に黄檗派の寺院として再興されました。求菩提山と一括で国史跡に指定されており、豊前市史跡ガイドボランティアの会（窓口・求菩提資料館）の史跡案内コースにも含まれています。

如法寺《ねほうじ》

吉祥窟

の麓には如法寺《ねほうじ》があります。求菩提山護国寺の末寺のひとつで、山門の金剛力士像は平安時代につくられたものです。仏教ではお経を写す行「写経」を「如法経《ねふぎょう》」ともいうことから、如法寺には写経所の役割もあったといわれ、今も「写経水」という名の水場が残されています。求菩提山で活躍した頼厳上人の高弟で、銅版法華経の執筆僧のひとりである円城坊厳尊《げんそん》もこの寺の住職であったようです。

夏の初めの庭一面の蓮の花、裏庭の二百基を超える苔むした石塔群など、山里のひっそりと美しい古刹を、たとえば静かな雨の日に歩くのも、なかなかいいものです。

No.30　中世の民俗行事が息づく山

松尾山

まつのおさん／標高471m／築上郡上毛町

上：駐車場の近くにある一の鳥居
下：二の鳥居付近の古い石畳の道

松尾山は上毛町に所在する標高四七一m、英彦山六峰（豊前六峰）、求菩提六峰のひとつです。登山口にある「ゆいきらら」は廃校になった西友枝小学校の建物を利用した体験交流センターで、松尾山の資料が展示され、山内の案内図なども置かれています。

付近には棚田や、さらさらと流れる美しい小川があり、山桜や蛍、紅葉など四季を楽しむことができます。今も神社ごとに神楽が残っており、友枝神楽などは年間二十カ所以上で演じられているそうです。秋の神楽の奉納は、昼間から夜十一時頃まで演じられ、多くの人で賑わいます。

山頂への道

朽ちかけた一の鳥居付近の駐車場から山頂の三社神社一帯は「松尾山修験道遺跡」と呼ばれ、案内板などもとてもよく整備されています。途中右手の斜面には江戸時代の石塔、三界万霊塔《さんかいばんれいとう》があります。二の鳥居までの参道の両側には、石垣や平坦地が累々と残っており、美しく苔むした歴史の風情を楽しむことができます。かつての庭にあったであろう池の跡や、建物の基礎である基壇や礎石なども残っています。二の鳥

左：池の跡や礎石／右：建物跡の列石

居付近には古い石畳の道があります。

二の鳥居をくぐり、石段を登ると右手には鐘堂跡が、左手には下宮跡や講堂跡があります。下宮跡では春に、室町時代の松会《まつえ》行事を継承する県指定無形民俗文化財の「松尾山のお田植祭」が行われています。松会行事とは天下泰平、五穀豊穣を祈る神事で、松尾山のお田植祭には、中世田楽の名残《なごり》を残す「色衆楽《いろしのがく》」と呼ばれる締太鼓とビンササラ（木片を紐で連ねた楽器）の舞、田植の所作の「田行事」などが伝わっています。

石段を登りつめたところに中宮があり、左手には素朴な阿弥陀如来の石造物と板碑《いたび》、石塔の一部などがあります。中宮から少し登ると行者堂と護摩壇《ごまだん》が見えてきます。護摩壇は密教寺院や修験道の行では欠かせないもので、中央の炉で乳木《ちぎ》を燃やし、その煙の形などで様々な占いを行ったものです。松尾山の護摩壇は文化二（一八〇五）年につくられたもので県の有形民俗文化財に指定されています。中央に一辺三〇センチの方形の炉部を設けており、「護摩壇藤之坊」と彫り込まれています。苔むした護摩壇は、この山の歴史を静かに伝えています。護摩壇と行者堂の上の平坦地は発掘調査が行われており、寛文九（一六六九）年に再建された行者堂の建物の基礎などが発見されています。

お田植祭の色衆楽（上毛町教育委員会提供）

山頂には三社神社上宮があります。江戸時代の『太宰管内志』などには「白山三社」とあります。山頂からの眺めはよくあ

左：護摩壇と行者堂／右：中宮にある阿弥陀如来の石仏（田村久男氏撮影）

りませんが、途中、右手に経読岳、求菩提山、犬ケ岳などが見える場所があります。山頂には鎌倉時代後期から室町時代頃の宝塔があり、四種の梵字《ぼんじ》が彫られています。下りは愛宕《あたご》堂を回る道が、雑木林で歩きやすい道です。

開山伝承と山の歴史

松尾山の歴史は古く、開山伝承では、白雉三（六五二）年に行妙という修行僧が、山頂に草庵を結びんだのが始まりとされています。『松尾山略縁起』によると、その後、神亀五（七二八）年には白山妙《みょう》理《り》権《ごん》現《げん》が祀られ、彦山の法蓮の弟子能行が医《い》王《おう》寺《じ》を建立し、山号を松尾山としたと伝えられます。山頂の宝塔のいわれとして、能行が山頂にあった松の巨樹の根元から青黒色の液体の入った瑠璃色の薬壺《やっこ》を授かり、この液体で病人を治したという話が伝わっています。医王寺のご本尊は釈迦牟尼如来、大悲観世音、薬師如来の三体だったそうです。

修験道が盛んになったのは平安時代後期からといわれ、久安五（一一四九）年には松尾山単独の峰入り修行が行われるようになりました。鎌倉時代には愛宕堂、祇園堂、観音堂などが建てられ、室町時代の最盛期には松尾山も十三末寺をもつほど力があり、松会も盛大に行われていたようです。

天正年間（一五七三－九二）になると、松尾山も戦いに巻き込まれ、松尾山城として利用されたりしました。天正十六年には大友宗麟によって焼き討ちされるなど、兵火によって大講堂をはじめ多くの坊が失われました。

やがて黒田氏が豊前に入ると、松尾山は復興し、後に細川氏、小笠原氏の祈願所となるなど、最盛期には三十六坊を数えるほど栄えました。しかし、明治の神仏分離令により、他の山々と同様に修験道が禁止され、廃寺となってしまいました。

松尾山は修験に関する遺構や、古来以来

▲二の鳥居

▲山頂の宝塔

参考タイム：駐車場一の鳥居〔10分〕講堂跡〔10分〕中宮〔10分〕行者堂〔10分〕山頂〔10分〕愛宕堂〔20分〕駐車場

の神仏習合の痕跡をそのまま残しているだけでなく、御田植祭や麓の神楽など、伝統や風習が脈々と受け継がれています。山頂の三社神社では、三カ月かけて手弁当で傷んだ本殿を修復しているという地域の方が静かに修理を続け、麓の神社では子どもたちが集まって神楽のお稽古をしていました。

　ここには中世以来の山里の風景があり、またそれを伝えていこうという人々が、新たな歴史を育みつつあります。

石畳の参道

主要参考文献

貝原益軒編『筑前国続風土記』(『福岡県史資料 続第四輯 地誌編 第二』福岡県、一九四三年)

青柳種信編『筑前国続風土記拾遺』文献出版、一九九三年

『九州の寺社シリーズ八 筑前糟屋若杉山の仏教遺跡』九州歴史資料館、一九八六年

『玄海町史話伝説』玄海町教育委員会、一九九五年

中野幡能編『英彦山と九州の修験道』名著出版、二〇〇〇年

『首羅山遺跡 福岡平野周縁の山岳寺院』久山町教育委員会、二〇〇八年

森弘子『宝満山の環境歴史学的研究』岩田書院、二〇〇九年

福岡山の会編『福岡県の山歩き 改訂増補版』海鳥社、二〇〇九年

「第四回神籠石サミット」資料、二〇〇九年

『第一回九州山岳霊場遺跡研究会「北部九州の山岳霊場遺跡 近年の調査事例と研究視点」資料集』九州山岳霊場遺跡研究会、二〇一一年

『第二回九州山岳霊場遺跡研究会「脊振山系の山岳霊場遺跡 脊振山・雷山・怡土七ケ寺」資料集』九州山岳霊場遺跡研究会、二〇一二年

井形進『薩摩塔の時空 異形の石塔をさぐる』花乱社、二〇一二年

アクロス福岡文化誌編纂委員会編『アクロス福岡文化誌六 福岡県の神社』海鳥社、二〇一二年

『首羅山遺跡発掘調査報告書』久山町教育委員会、二〇一二年

『九州歴史資料館第十二回企画展 聖地四王寺山』九州歴史資料館、二〇一三年

『第三回九州山岳霊場遺跡研究会「首羅山をとりまく聖なる山々 糟屋・鞍手の山岳霊場遺跡」資料集』九州山岳霊場遺跡研究会、二〇一三年

アクロス福岡文化誌編纂委員会編『アクロス福岡文化誌七 福岡県の名城』海鳥社、二〇一三年

アクロス福岡文化誌編纂委員会編『アクロス福岡文化誌八 福岡県の仏像』海鳥社、二〇一四年

『松尾山修験道遺跡』パンフレット、太平村教育委員会

【協力者一覧】

本書刊行にあたり、左記の方々、機関にご協力いただきました。心より感謝申しあげます。

北九州市立自然史・歴史博物館、九州国立博物館、九州山岳霊場遺跡研究会、九州歴史資料館、求菩提資料館、久留米市教育委員会、上毛町教育委員会、古賀市歴史資料館、篠栗町教育委員会、首羅山遺跡保存整備指導委員会、須恵町教育委員会、久山町歴史文化勉強会、福岡県教育委員会、福岡市博物館、福岡市埋蔵文化財センター、福岡山の会、豊前市教育委員会、安部裕久、井形進、大庭康時、岡寺良、木村達美、国崎正彦、久保智康、相良彰四郎、貞弘あつ子、只松登志子、田村久男、中川元延、長野覺、西谷正、野口登志子、野下幸太郎、松下里美、森弘子、八尋和泉、山村信榮、吉田東明、吉田扶希子

(敬称略)

あとがき

◀可也山にて（左から田村久男さん、野下幸太郎さん、野口登志子さん、著者、松下里美さん、只松登志子さん）

本書は、歴史の深い福岡の山々のなかから、「福岡山の会」の会報誌『せふり』の連載「山の歴史」で取り上げた三十山を選び、少し手を加えてまとめなおしたものです。山の隅々まで歩いていないため、まだ見ぬ歴史の片鱗もたくさんあり、ご紹介できなかったものもあります。ほんの歴史入門的な記述しかできませんでしたが、本書が皆様の山の楽しみの一助となりましたら、とてもうれしく思います。

今夏逝った父は昔、外国の山も登る山男でした。でも、私には幼い頃に父と山に登った記憶はありません。大人になるまで登山など全く縁がなく、父もあまり山の話をすることもありませんでした。記憶が確かであれば、父と一緒に山に登ったのは大人になってから近所の油山に登った、たった一度だけです。

私が山歩きを楽しむようになったのは四十歳に手が届く頃からです。久山町の首羅山遺跡という山林寺院の調査がきっかけでした。国史跡指定のために比較資料として県内の他の山々の状況を調べるよう文化庁から指導があり、休日に周辺の山歩きに行くようになりました。いろいろな山に行けば行くほど、美しい風景や、四季折々の山の美しさとともに、その深い歴史に魅了されていきました。どんな山にもなにかしらの伝承や歴史の痕跡が今もそのまま残っています。花や木々の名を知れば山歩きがなお楽しくなるように、歴史を少し知ることで、山歩きや山を眺めることがさらに楽しくなるのではないかとずっと考えていました。

そんな折、突然乳ガンを宣告され、手術のため入院することとなりました。楽しみの山登りにももう行けないかもしれないと落ち込んでいる時に、主治医の黒木祥司先生に「よくなればエベレストだって登れるよ」と励まされました。そんなことがあって、半ば病気の不安から逃れるように入院中の病室で五年前に書き始めたの

が「山の歴史」です。私にはエベレストはとても無理ですが、今は先生がおっしゃったとおり、全く元気に山歩きを楽しんでいます。

山歩きにあたっては、相良彰四郎さんを世話人とする久山町歴史文化勉強会の方々が遅い歩みの私をサポートしてくださいました。小さかった娘たちもよくついてきてくれました。なかでも山の下調べのために何度も山に足を運び、いつも笑顔でご案内くださった野下幸太郎さんには心より感謝しております。また、西谷正先生、森弘子先生をはじめ、九州山岳霊場遺跡研究会の事務局の皆様には折にふれ山の歴史についてご指導いただきました。

「福岡山の会」の中川元延さんをはじめ会員の方には、山行にもなかなか参加できない幽霊会員の私に会報誌での連載の機会を与えていただき、本書の刊行につきましてもご尽力いただきました。そして同じ病気と闘っている友人の柘植真由美さんには、前向きな姿や笑顔に常に励まされ、そして支えていただきました。

最後になりましたが、編集にあたっては、海鳥社の田島卓さんに丁寧に校閲していただき、一緒に勉強を続けている九州歴史資料館の井形進さんにずいぶん励ましていただきました。

こうして一冊の本としてまとめることができましたのも、山を通じて知り合ったすべての皆様のおかげと、心より感謝しております。そしてこれからも、体力が続く限り、スローペースの歴史の山歩きを楽しんでいこうと思います。

二〇一六年八月

江上智恵

江上智恵（えがみ・ともえ）
1966年福岡市生まれ。熊本県立濟々黌高等学校、日本大学文理学部を卒業。専門は日本考古学。第一法規出版株式会社、東京都葛飾区学芸員を経て現在久山町教育委員会に勤務。国史跡首羅山遺跡の調査を担当、文化財を通した生きがいづくりに力を入れている。著書に『アクロス福岡文化誌10　福岡県歴史散歩』（共著、海鳥社）、『8500人のまちづくり　久山町の「これまで」と「これから」』（共著、海鳥社）がある。

ふくおか歴史の山歩き

■

2016年12月４日　第１刷発行

■

著　者　江上智恵

発行者　杉本雅子

発行所　有限会社海鳥社

〒812-0023　福岡市博多区奈良屋町13番４号

電話092(272)0120　FAX092(272)0121

印刷・製本　九州コンピュータ印刷

ISBN978-4-87415-987-3

http://www.kaichosha-f.co.jp

［定価は表紙カバーに表示］